누구나
쉽고 재미있게

사고력 수학

노크

C2
(10~11세)

측정

이 책을 보시는 부모님들께

머리가 좋아야 수학을 잘 한다는 말이 있습니다. 또, 수학을 잘 못하는 아이는 아빠, 엄마의 머리를 물려받아서 그렇다는 등의 난데없는 유전자 논쟁이 벌어지기도 합니다. 하지만 많은 사람들의 일반적인 생각과는 달리 이는 근거없는 이야기입니다. 외국의 한 연구 기관에서 언어, 사회, 수학, 과학의 네 가지 분야 중 어떤 것이 아동의 선천적 재능에 영향을 받는지 조사한 연구 결과를 발표했는데 일반적인 예상과는 다르게 선천적 재능에 영향을 받는 순서는 사회, 언어, 과학, 수학 순이었습니다. 다시 말해, 수학은 여러 학문 분야 중 선천적인 재능보다는 후천적인 환경이나 교육자, 학습자의 노력에 가장 큰 영향을 받는 학문이라 볼 수 있습니다. 수학의 가장 기본이 되는 '수 영역'의 예를 들어 보겠습니다. 아이들이 수를 처음 접하는 시기의 차이는 있지만 실제 수에 대한 감각과 수를 다루는 연습은 생활 속에서의 체험이나 다양한 활동, 학습 속에서 이루어집니다. 즉, 수학의 가장 기본이 되는 수는 선천적으로 가진 재능과는 거의 연관이 없으며 자라나면서 어떤 환경에 놓이는지, 얼마나 많이 수를 생각할 수 있는 기회가 있는지, 나이에 맞는 올바른 학습을 만날 수 있는지에 좌우됩니다. 그러므로 아이의 수학적 발달에 문제가 있다면, 그 아이가 누구를 닮아서 그런지, 지능이 떨어지는지를 따질 것이 아니라 수학적 힘을 기를 수 있는 학습 환경을 어떻게 만들어줄 것인가를 고민해야 합니다.

국제영재교육연구소의 랜즐리 소장은 영재의 기준을 마련하기 위해 여러 연구를 시행한 결과, 영재의 공통적인 특징들을 발견하였습니다. 첫째는 115 이상의 지능지수(IQ), 둘째는 창의력(Creativity), 셋째는 동기적 요소라고 부르는 끈질긴 근성과 과제집착력이었습니다. 이들 세 가지 요소 역시 선천적으로 타고 나는 부분도 물론 있겠지만 대부분 후천적인 학습이나 교육 활동을 통해 기를 수 있는 능력이라는 데에 이의를 제기하기는 힘듭니다.

이처럼 수학적 능력은 후천적 학습 환경에 주로 좌우되며, 특히 어린 시절에는 그러한 경향이 더더욱 두드러집니다. 하지만 우리의 아이들을 둘러싼 수학적 환경을 다시 한 번 돌아봅시다. 초등학교를 들어가기 전부터 과도한 학습량과 무의미한 반복 활동, 이후의 수학 학습에 오히려 방해가 될 정도로 무리한 선행 학습 등의 환경은 아이의 수학적 힘을 길러주기보다는 수학에서 가장 중요한 창의적 사고력을 기를 수 있는 기회를 박탈함과 동시에 수학에 대한 흥미를 급속하게 떨어뜨리게 하여 수학으로 문제를 해결하려는 의지, 즉 수학적 동기를 스스로에게 부여하는 것을 불가능하게 만들어 버립니다. 중요한 것은 남들보다 먼저, 그리고 더 많이 수학적 지식을 머리 속에 주입하는 것이 아니라 태어나서부터 누구나 가지고 있는 수학에 대한 관심, 그리고 수학으로 생각하는 힘을 일깨워주는 것입니다.

수학을 잘할 수 있는 힘,

수학적 잠재력은 이미 여러분 아이들의 머릿 속에 줄곧 있어왔습니다. 단지 어떤 아이는 그것을 찾아내어 드러낼 수 있었고, 어떤 아이는 꼭꼭 숨긴 채 평생 드러나지 않을 뿐입니다. 이러한 수학적 잠재력에 대한 참신한 자극 - 생각을 두드리는 '노크'를 제안하려 합니다. '노크'는 수학적 지식과 스킬만을 무리하게 밀어넣지 않습니다. 왜 수학을 해야 하고, 어떻게 수학으로 가능한지 끊임없이 스스로 생각하게하는 계기로서의 활동이 되려 합니다. 일상으로부터 괴리된 학문으로서의 수학이 아닌, 삶을 살아가며 반드시 키워야 할 논리적, 합리적 사고력을 기를 수 있는 누구에게나 가장 중요한 경쟁력으로서의 수학을 주장합니다. '노크'야말로 새로운 수학 학습의 길을 보여주는 방향타가 될 것입니다.

한 현 조

똑!똑! 사고력 수학
노크의 구성

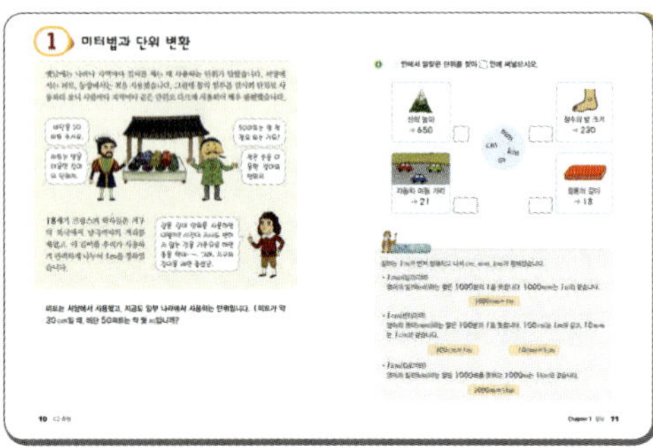

시작 : 생각열기

사고력 수학 주제에 맞는 수학적 상황, 수학사, 생활 속 수학 이야기 등의 자유로운 형식으로 흥미를 유발하고, 수학적 사고를 자극하는 주제별 프롤로그

노크 포인트

문제 해결의 핵심적 원리를 '콕!' 집어서 간결하게 요약한 사고력 수학 주제별 포인트

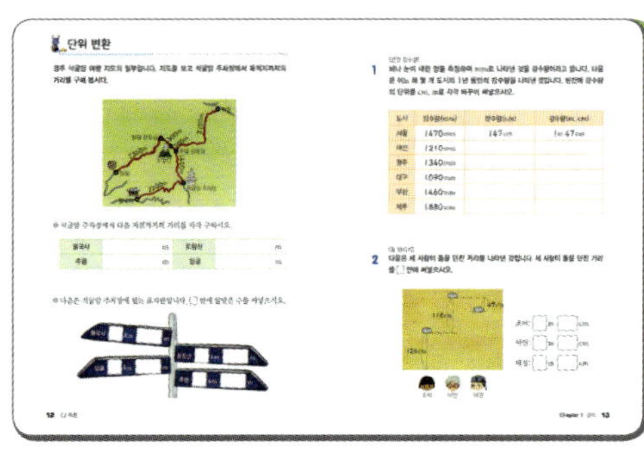

전개 : 유형 탐구

사고력 수학의 대표 유형을 노크만의 새로운 방법으로 차근차근 한 단계씩 익히고 해결하는 단계적 유형 탐구와 이를 통해 익힌 방법적 원리를 적용, 확장하는 확인 문항

수학 요정들의 친절한 충고와 꼬마 요괴들의 밉살스럽지만 유용한 조언으로 어려운 발전 문항의 해결을 돕는 문제 해결 도우미 박스

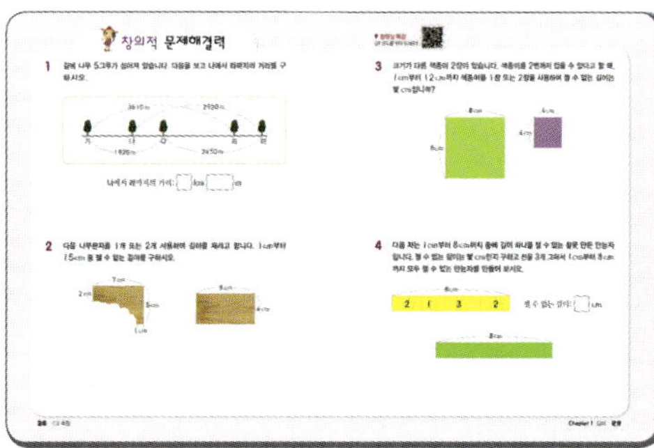

발전 : 창의적 문제해결력

3개의 사고력 수학 주제를 갈무리하는, 한 차원 높은 창의력과 복합적인 사고력을 요구하는 발전 문항의 끝판왕

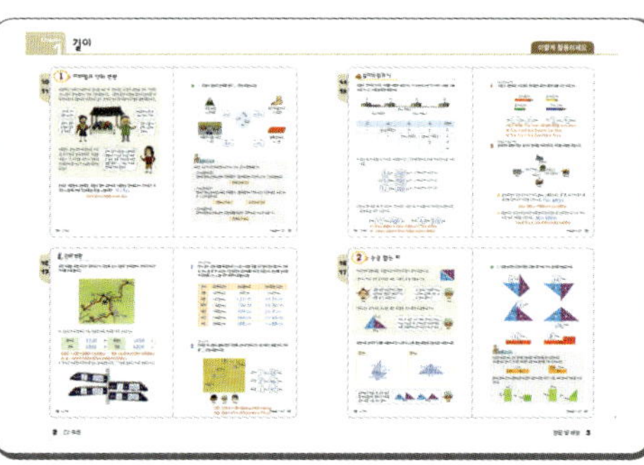

마무리 : 정답 및 해설

본문에 그대로 첨삭된 정답과 간략한 풀이 과정을 통한 사고력 수학 활동 피드백으로 마무리

노크
캐릭터 소개

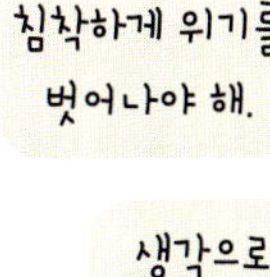

태경
활동파 리더

지오
호기심 공주

초이
조용한 전략가

아인
꼬마 천재

마법사 멀린과 수학 요정

마법사 멀린

노크랜드의 지식의 수호자. 지식을 파괴하려는 대마왕의 음모에 맞서 모험을 떠난 친구들의 든든한 조력자.

아르키메데스

페르마

플라톤

파스칼

피타고라스

가우스

유클리드

오일러

대마왕과 꼬마 요괴

대마왕

노크랜드의 지식의 파괴자. 세계를 차지하기 위해 모든 지식을 없애버리려고 하는 요괴들의 두목.

딴소리

한입

장난

딴짓

멍하니

잠만자

울보

거꾸로

이 책의 **차례**

CONTENTS

Chapter 1

길이

미터법과 단위 변환

옛날에는 나라나 지역마다 길이를 재는 데 사용하는 단위가 달랐습니다. 서양에서는 피트, 동양에서는 척을 사용했습니다. 그런데 몸의 일부를 길이의 단위로 사용하다 보니 사람마다 지역마다 같은 단위도 다르게 사용되어 매우 불편했습니다.

18세기 프랑스의 학자들은 지구의 북극에서 남극까지의 거리를 재었고, 이 길이를 우리가 사용하기 편리하게 나누어 1m를 정하였습니다.

피트는 서양에서 사용했고, 지금도 일부 나라에서 사용하는 단위입니다. 1피트가 약 30 cm일 때, 비단 50피트는 약 몇 m입니까?

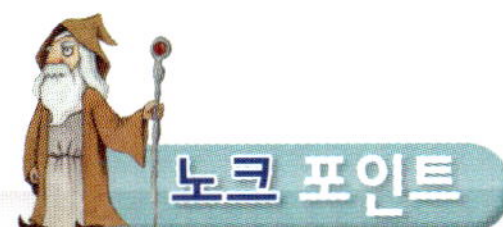 안에서 알맞은 단위를 찾아 ☐ 안에 써넣으시오.

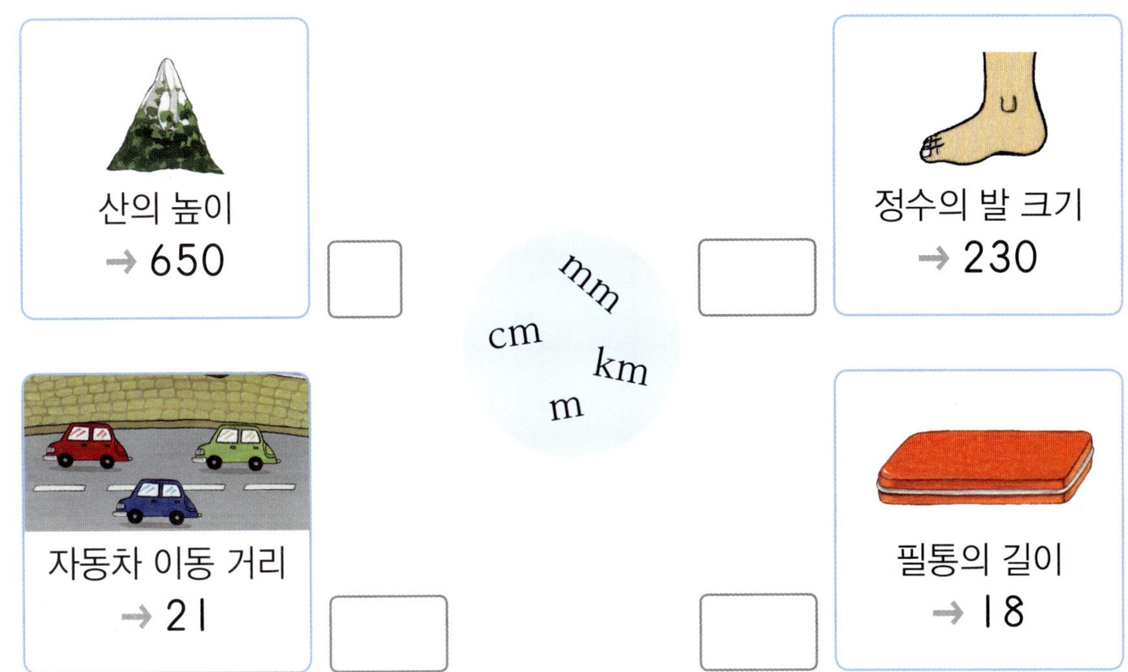

노크 포인트

길이는 1 m가 먼저 정해지고 나서 cm, mm, km가 정해졌습니다.

- 1 mm(밀리미터)
  영어의 밀리(mili)라는 말은 1000분의 1을 뜻합니다. 1000 mm는 1 m와 같습니다.

$$1000\,mm = 1\,m$$

- 1 cm(센티미터)
  영어의 센티(centi)라는 말은 100분의 1을 뜻합니다. 100 cm는 1 m와 같고, 10 mm는 1 cm와 같습니다.

$$100\,cm = 1\,m \qquad 10\,mm = 1\,cm$$

- 1 km(킬로미터)
  영어의 킬로(kilo)라는 말은 1000배를 뜻하고 1000 m는 1 km와 같습니다.

$$1000\,m = 1\,km$$

경주 석굴암 여행 지도의 일부입니다. 지도를 보고 석굴암 주차장에서 목적지까지의 거리를 구해 봅시다.

❶ 석굴암 주차장에서 다음 지점까지의 거리를 각각 구하시오.

불국사	m	토함산	m
추령	m	탑골	m

❷ 다음은 석굴암 주차장에 있는 표지판입니다. ☐ 안에 알맞은 수를 써넣으시오.

1 비나 눈이 내린 양을 측정하여 mm로 나타낸 것을 강수량이라고 합니다. 다음은 어느 해 몇 개 도시의 1년 동안의 강수량을 나타낸 것입니다. 빈칸에 강수량의 단위를 cm, m로 각각 바꾸어 써넣으시오.

도시	강수량(mm)	강수량(cm)	강수량(m, cm)
서울	1470 mm	147 cm	1 m 47 cm
대전	1210 mm		
광주	1340 mm		
대구	1090 mm		
부산	1460 mm		
제주	1880 mm		

[돌 던지기]

2 다음은 세 사람이 돌을 던진 거리를 나타낸 것입니다. 세 사람이 돌을 던진 거리를 □ 안에 써넣으시오.

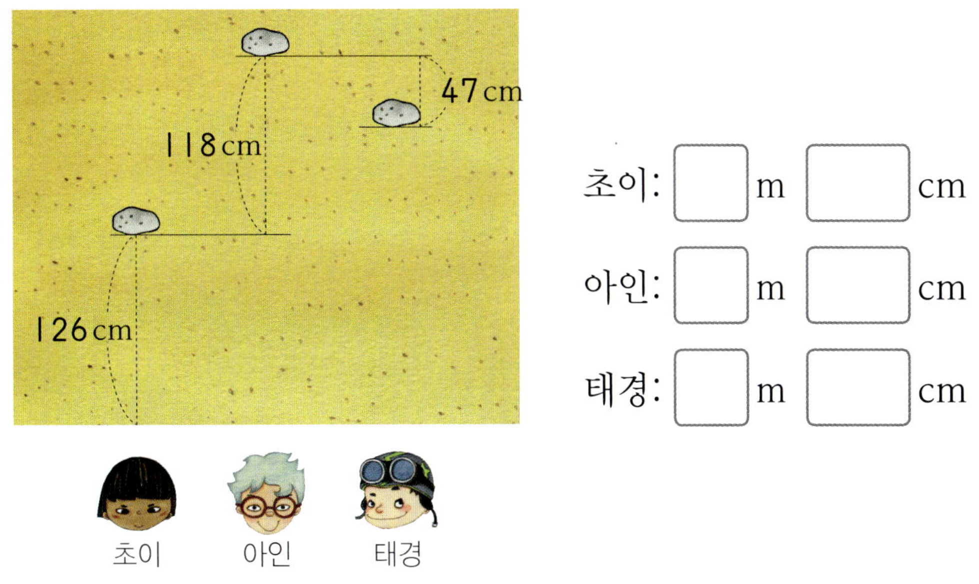

초이: □ m □ cm

아인: □ m □ cm

태경: □ m □ cm

길이의 합과 차

다음은 기차역 사이의 거리를 나타낸 표입니다. 나 역에서 다른 역까지의 거리를 이용하여 ㉠, ㉡, ㉢을 알맞게 채우시오.

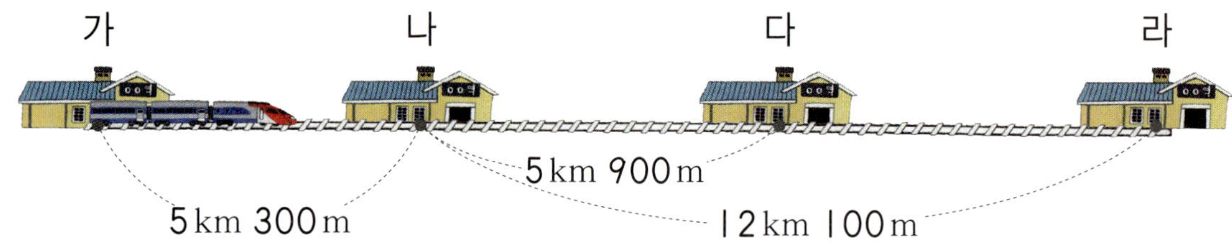

가	나	다	라	기차역
–	5 km 300 m	㉠	㉡	가
	–	5 km 900 m	12 km 100 m	나
		–	㉢	다
			–	라

❶ ㉠은 **가** 역과 **다** 역 사이의 거리입니다. ☐ 안에 알맞은 수를 써넣어 ㉠을 구하시오.

☐ km ☐ m ← 가 역과 나 역 사이의 거리

+ ☐ km ☐ m ← 나 역과 다 역 사이의 거리

☐ km ☐ m ← 가 역과 다 역 사이의 거리

❷ ㉡은 **가** 역과 **라** 역 사이의 거리이고, ㉢은 **다** 역과 **라** 역 사이의 거리입니다. ㉡과 ㉢을 각각 구하시오.

㉡ = ☐ km ☐ m   ㉢ = ☐ km ☐ m

1 가장 긴 색연필과 가장 짧은 색연필의 길이의 합과 차를 각각 구하시오.

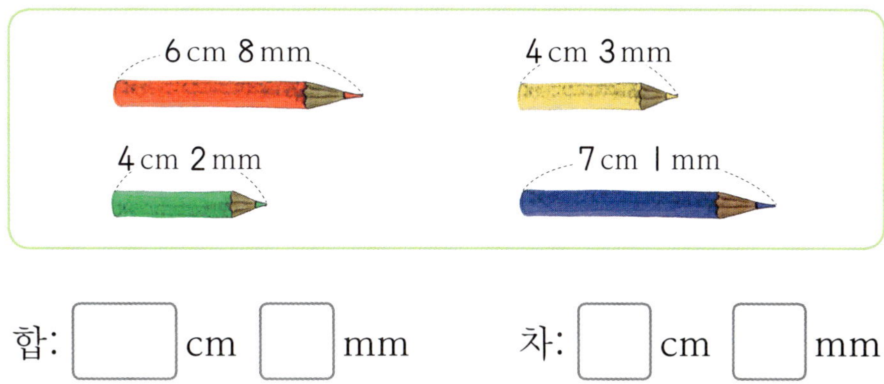

합: ☐ cm ☐ mm   차: ☐ cm ☐ mm

2 태경이네 집에서 학교, 놀이터, 분식점, 마트까지의 거리를 나타낸 것입니다.

❶ 놀이터에서 마트까지의 거리가 2 km 180 m라고 할 때, 놀이터에서 태경이네 집까지의 거리를 구하시오.

❷ 태경이는 걸어서 학교에서 집에 왔다가 곧바로 분식점에 갔습니다. 태경이가 걸은 거리를 구하시오.

눈금 없는 자

아인이의 필통에는 직접 만든 삼각자 **2**개가 들어 있습니다.

지오는 아인이의 삼각자를 보고 이상하게 생각했습니다.

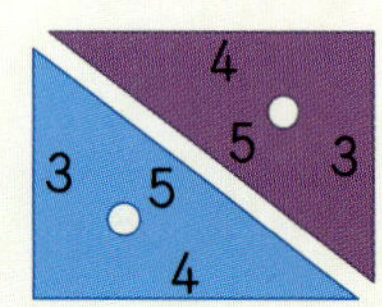

아인이는 삼각자로 길이를 재는 방법을 지오에게 설명했습니다.

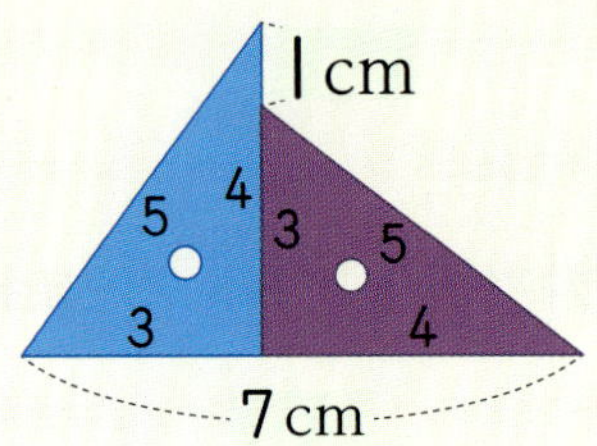

아인이의 삼각자 2개를 사용해서 2 cm와 8 cm를 재는 방법을 그림으로 나타내시오.

2 cm	8 cm

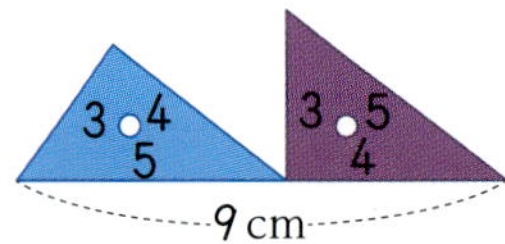

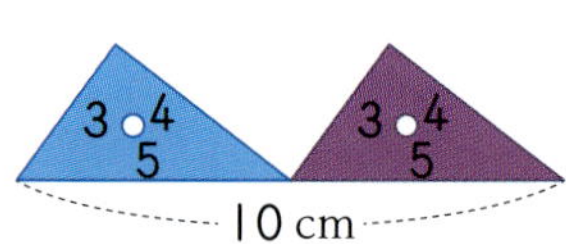

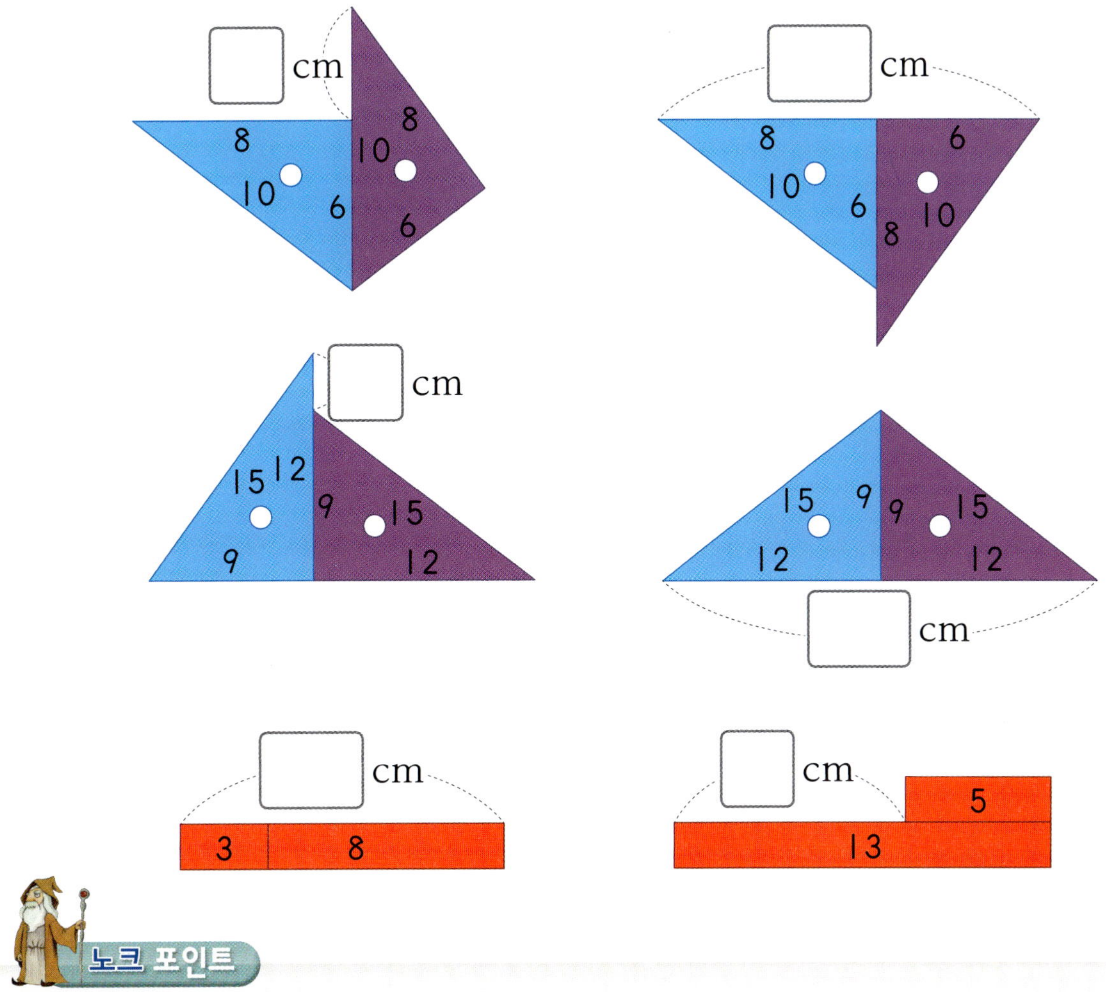

노크 포인트

눈금이 없어도 알고 있는 길이를 이용하여 다른 길이를 잴 수 있습니다.
길이를 알고 있는 두 도구를 이용하면 합과 차로 길이를 구할 수 있습니다.

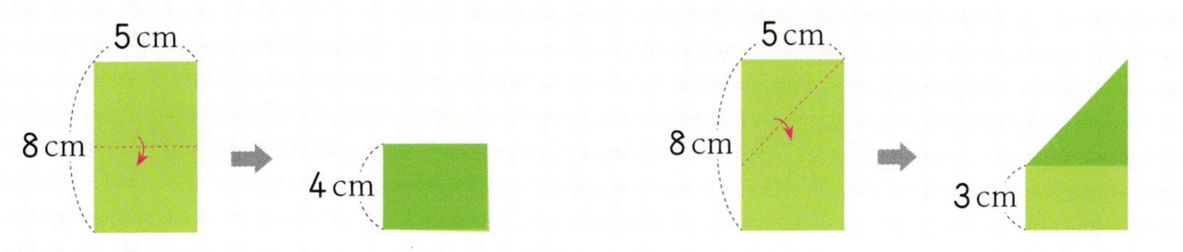

종이는 접을 수 있기 때문에 한 장으로도 길이의 반을 재거나 가로, 세로 길이의 차를 잴 수 있습니다.

두 나무판자로 길이 구하기

변의 길이가 다음과 같은 나무판자를 붙이는 방법에 따라 여러 가지 길이를 잴 수 있습니다. 두 나무판자를 사용하여 잴 수 있는 길이와 길이를 재는 방법을 알아봅시다.

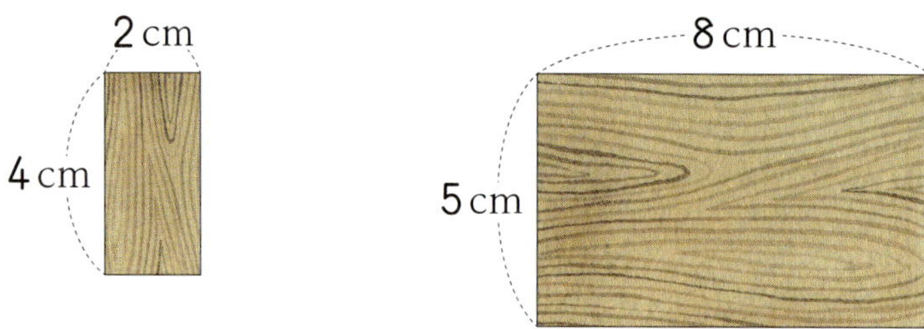

❶ 나무판자의 한 변을 사용하면 2 cm, 4 cm, 5 cm, 8 cm를 잴 수 있습니다. 두 나무판자를 붙이면 변의 길이의 합 또는 차를 이용하여 길이를 잴 수 있습니다. 표를 완성하여 두 나무판자를 붙여 잴 수 있는 길이를 모두 구해 보시오.

합	5 cm	8 cm
2 cm	7 cm	
4 cm		

차	5 cm	8 cm
2 cm	3 cm	
4 cm		

❷ 다음 큰 나무판자에 작은 나무판자를 그려서 3 cm와 9 cm를 재는 방법을 설명해 보시오.

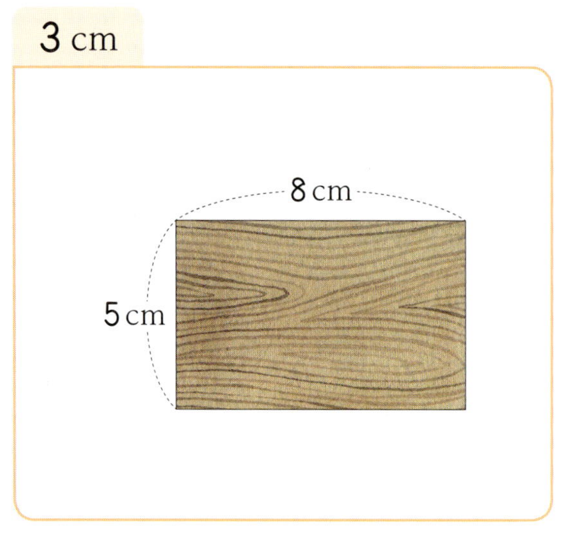

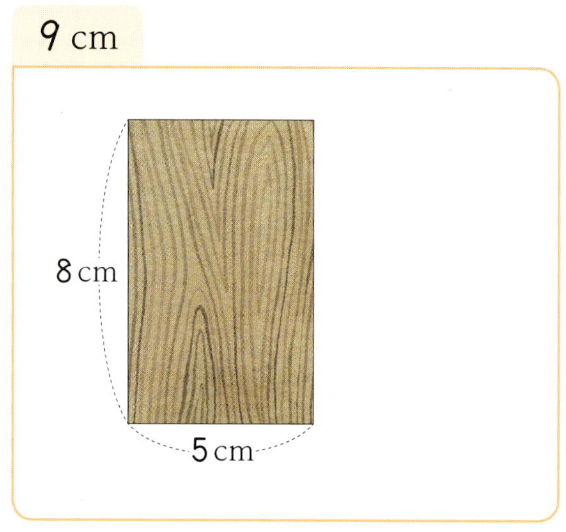

1 길이가 다음과 같은 두 개의 종이를 붙여 여러 가지 물건의 길이를 재려고 합니다. 길이를 잴 수 있는 물건은 모두 몇 개입니까?

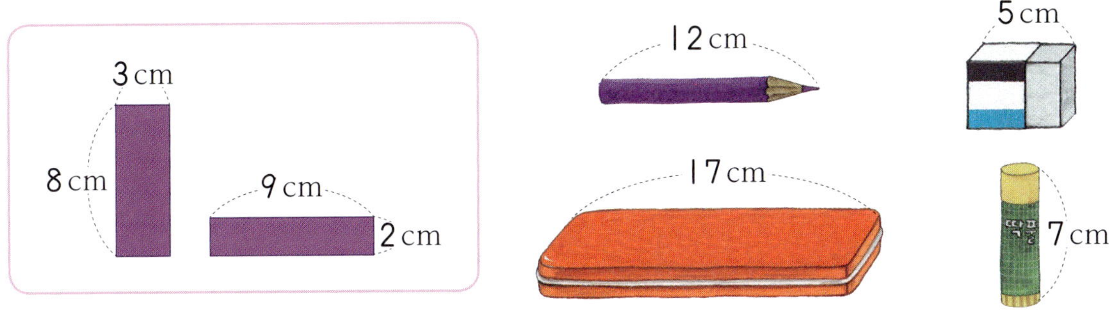

2 나무판자 2개를 사용하여 잴 수 있는 길이를 모두 나타낸 것입니다. ☐ 안에 알맞은 수를 써넣으시오.

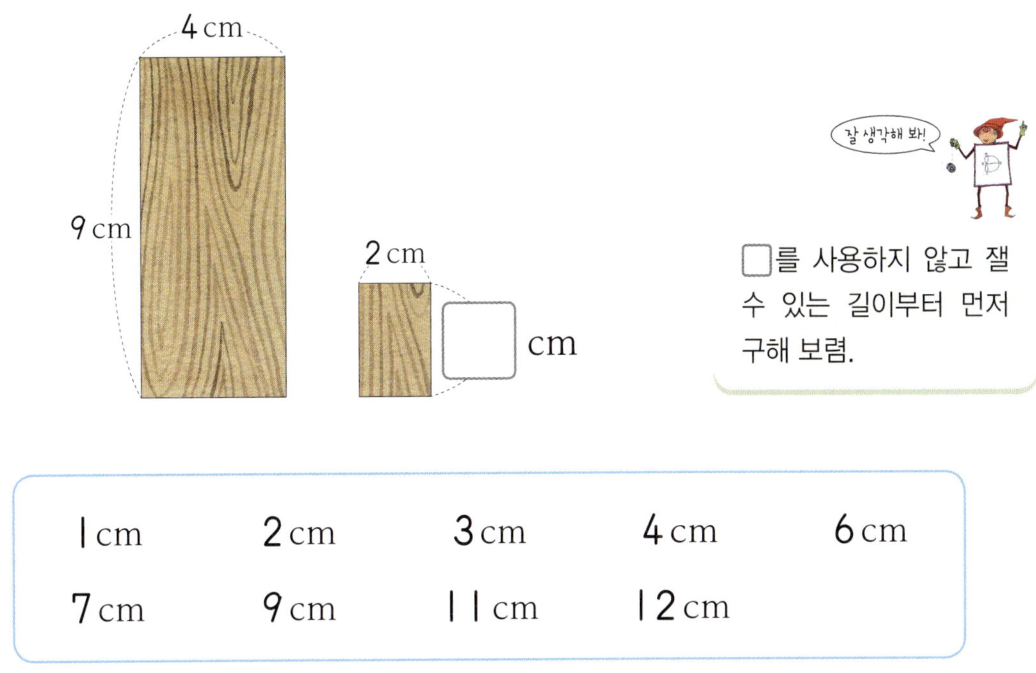

종이 접기로 길이 재기

종이의 한 변의 길이의 반과 두 변의 길이의 차를 이용하여 길이를 잴 수 있습니다. 변의 길이가 다음과 같은 종이를 사용하여 여러 가지 길이를 재어 봅시다.

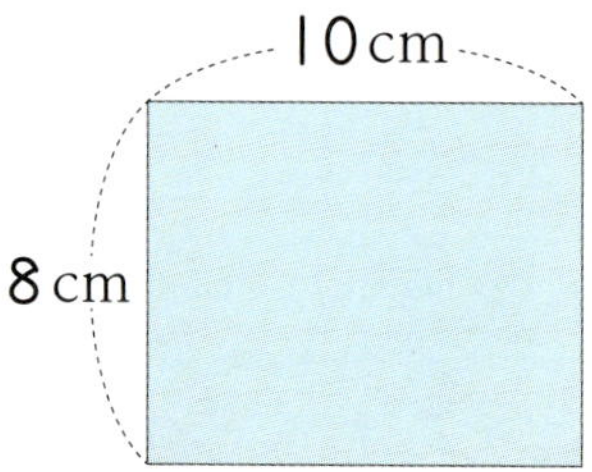

❶ 종이를 정확하게 반으로 접으면 길이도 반이 됩니다. 다음은 종이를 한쪽 방향으로 1번 또는 2번 접은 것입니다. ☐ 안에 알맞은 수를 써넣으시오.

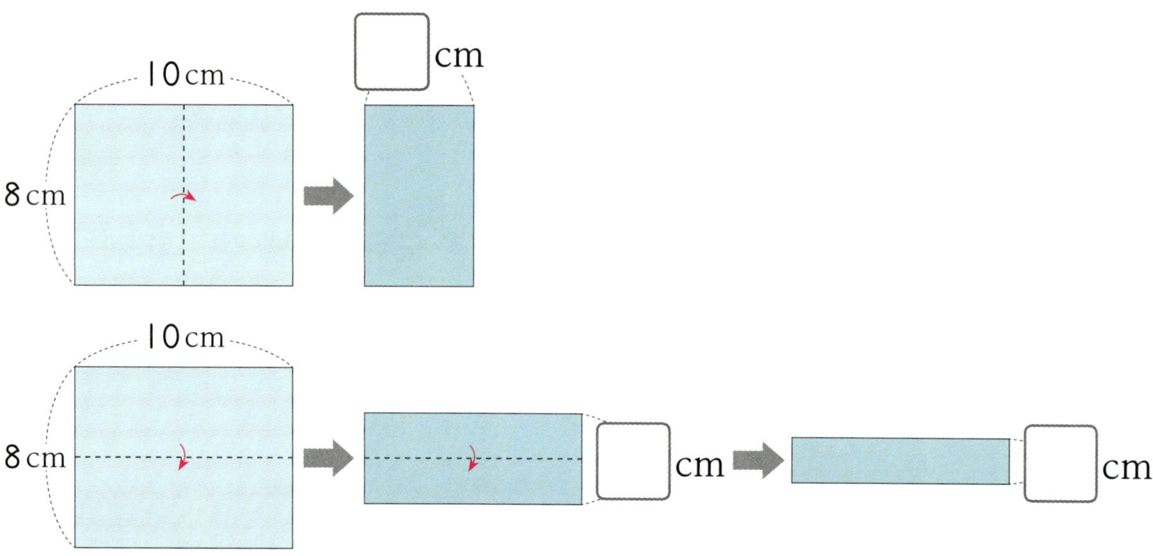

❷ 짧은 변이 긴 변에 겹치도록 접으면 두 변의 길이의 차를 이용할 수 있습니다. 그림을 보고 ☐ 안에 알맞은 수를 써넣으시오.

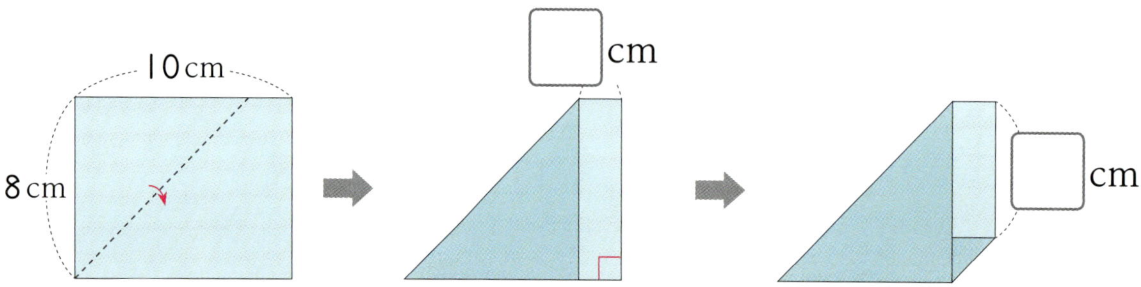

1 태경이는 학급 신문을 다음과 같이 자른 다음 1번 또는 2번, 3번을 접어서 다양한 길이를 재어 보려고 합니다. 잴 수 없는 길이에 모두 ✕표 하시오.

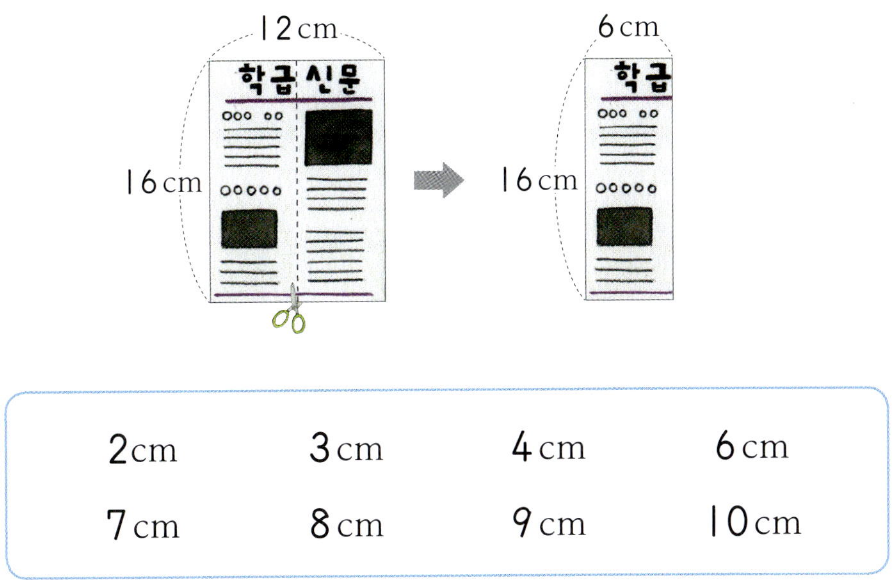

| 2 cm | 3 cm | 4 cm | 6 cm |
| 7 cm | 8 cm | 9 cm | 10 cm |

[접어서 붙인 색종이]

2 한 변의 길이가 8 cm인 색종이 4장이 있습니다. 한 장은 그대로 쓰고 두 장은 한 번만 반으로 접고, 나머지 한 장은 반으로 두 번 접어서 다음과 같이 붙였습니다. 붙인 모양의* 둘레를 구하시오.

* **둘레**: 도형을 둘러싸고 있는 테두리의 길이

장난 요괴가 울보 요괴의 길이 막대를 숨겼습니다.

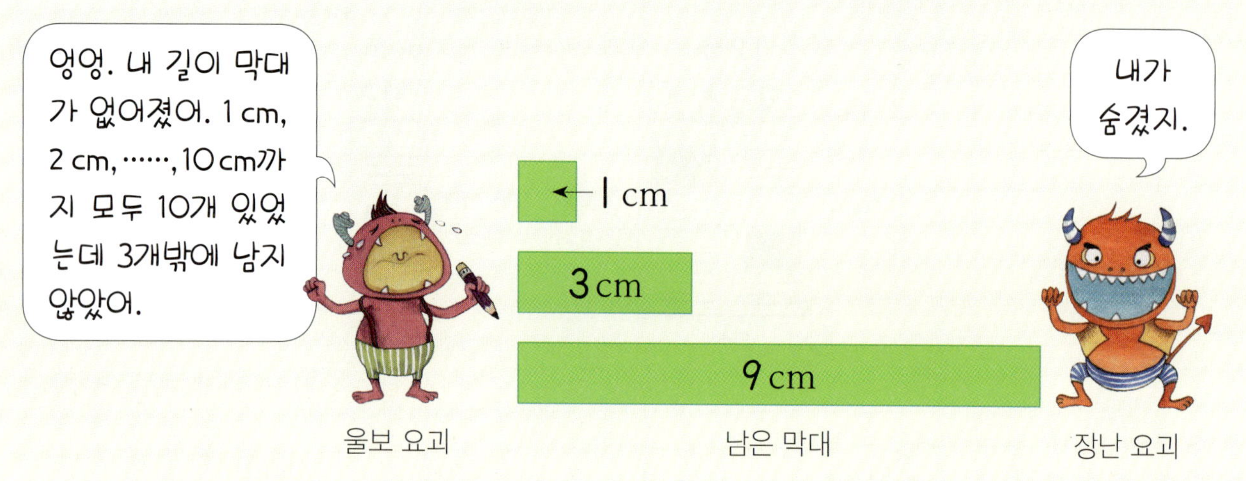

아이들은 울보 요괴가 가엾습니다.

아인이는 남은 막대로 **7cm**를 재는 방법을 울보 요괴에게 보여 주었습니다.

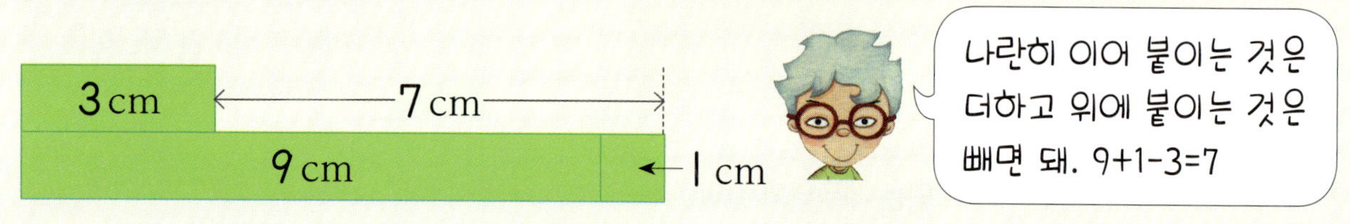

아인이의 방법으로 길이를 재는 방법을 식으로 써 보시오.

길이	방법	길이	방법	길이	방법
1 cm	1	5 cm		9 cm	9
2 cm		6 cm		10 cm	
3 cm	3	7 cm	$9+1-3=7$	11 cm	
4 cm		8 cm		12 cm	
				13 cm	$9+1+3=13$

노크 포인트

눈금 없는 자를 사용하여 잴 수 있는 길이를 찾을 때는 재는 방법을 직접 찾을 필요없이 덧셈식과 뺄셈식을 사용하면 좀 더 빠르게 찾을 수 있습니다.

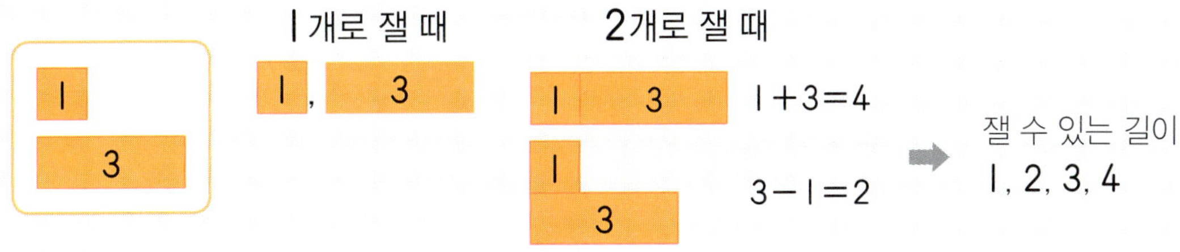

막대를 돌릴 수 있도록 서로 연결한 연결자는 길이를 서로 더하고 빼는 것이 가능하지만, 막대가 붙은 위치에 따라서 더하거나 빼는 것이 불가능한 경우가 있습니다.

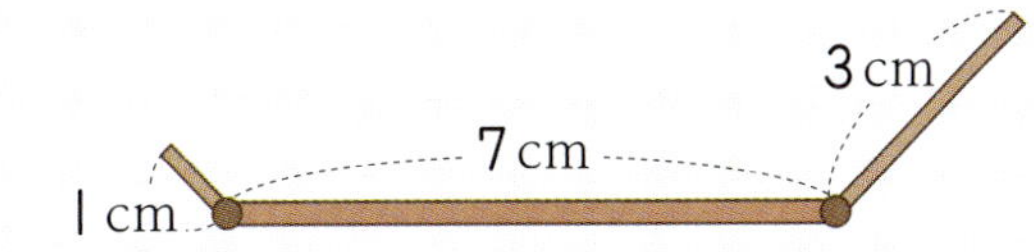

1개로 잴 때: 1, 3, 7
2개를 더할 때: $1+7=8$, $3+7=10$ (1+3은 불가능)
3개를 더할 때: $1+7+3=11$
2개를 서로 뺄 때: $7-1=6$, $7-3=4$ (3-1은 불가능)
2개는 더하고 1개는 뺄 때: $1+7-3=5$, $7+3-1=9$
1개에 2개를 뺄 때: $7-1-3=3$
→ 잴 수 있는 길이: 1, 3, 4, 5, 6, 7, 8, 9, 10, 11

길이가 2 cm, 3 cm, 4 cm, 8 cm인 철사를 연결하여 연결자를 만들었습니다. 이 자로 1 cm와 15 cm 사이에 잴 수 없는 길이를 찾아봅시다.

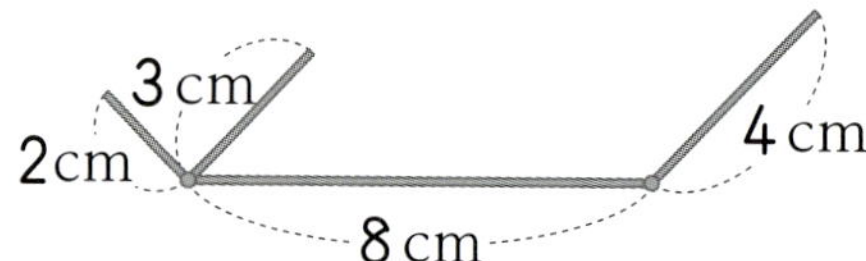

❶ 다음은 두 철사의 길이의 합과 차를 이용하는 방법입니다. ☐ 안에 알맞은 수를 써넣으시오.

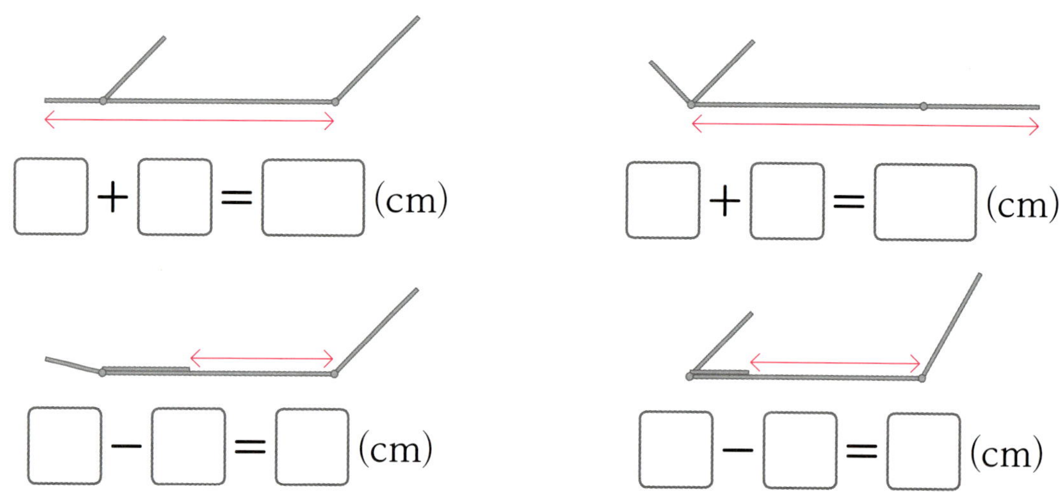

$$\boxed{} + \boxed{} = \boxed{} \ \text{(cm)} \qquad\qquad \boxed{} + \boxed{} = \boxed{} \ \text{(cm)}$$

$$\boxed{} - \boxed{} = \boxed{} \ \text{(cm)} \qquad\qquad \boxed{} - \boxed{} = \boxed{} \ \text{(cm)}$$

❷ 1 cm부터 15 cm까지 길이를 재는 방법을 식으로 나타내고, 잴 수 없는 길이를 구하시오.

길이	방법	길이	방법	길이	방법
1 cm		6 cm		11 cm	
2 cm	2	7 cm		12 cm	
3 cm	3	8 cm	8	13 cm	
4 cm	4	9 cm		14 cm	
5 cm		10 cm		15 cm	

1 9 cm 길이의 철사 양 끝에 길이가 2 cm, 5 cm, 1 cm인 철사를 연결하여 움직일 수 있도록 하였습니다. 이 연결자로 잴 수 있는 길이에 모두 ◯표 하시오.

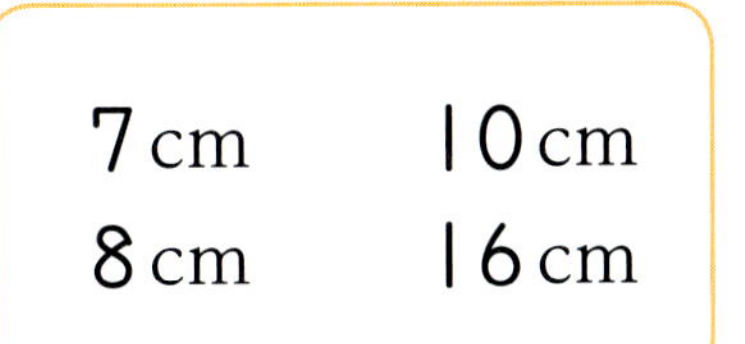

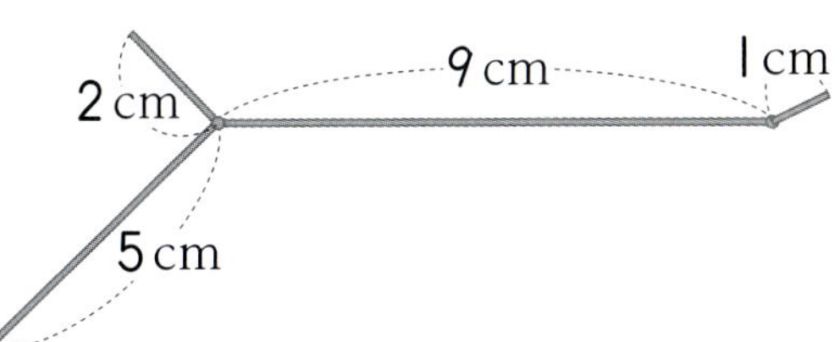

[식 세워 길이재기]

2 다음 연결자로 길이를 재는 방법을 식으로 나타내었습니다. 바르게 나타낸 것에 모두 ◯표 하시오.

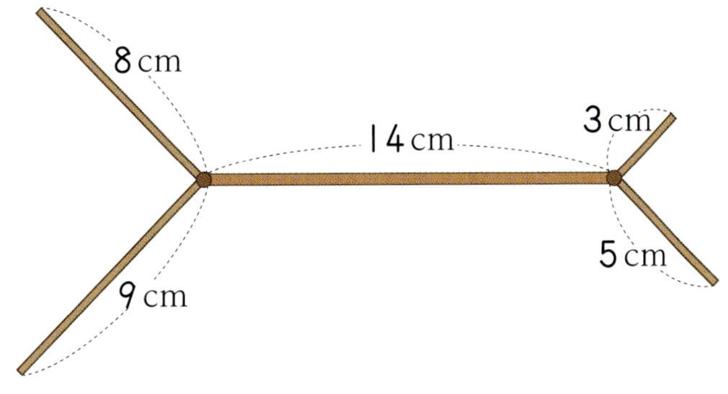

$$8 + 14 = 22 \,(\text{cm}) \qquad 5 - 3 = 2 \,(\text{cm})$$

$$14 - 8 = 6 \,(\text{cm}) \qquad 3 + 14 - 5 = 12 \,(\text{cm})$$

$$14 + 8 - 9 = 13 \,(\text{cm}) \qquad 14 + 5 - 9 = 10 \,(\text{cm})$$

Ⅰcm부터 자의 전체 길이까지 잴 수 있는 자를 만능자라고 합니다. 6 cm 길이의 막대에 선을 2개 그어서 Ⅰcm부터 6 cm까지의 길이를 모두 잴 수 있는 만능자를 만들어 봅시다.

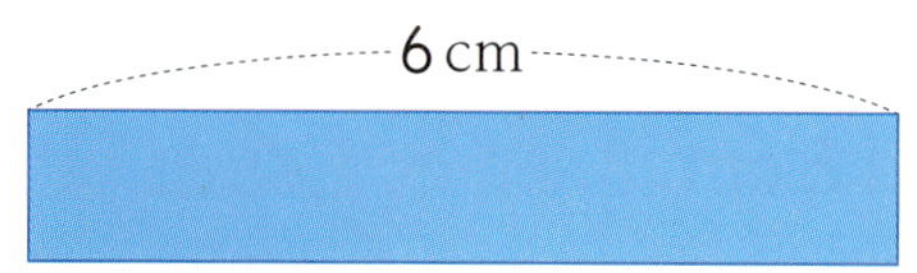

❶ Ⅰcm를 재기 위해서는 Ⅰcm 간격이 반드시 필요합니다. 두 가지 방법으로 막대의 Ⅰcm 간격을 만들었습니다. 잴 수 있는 길이를 모두 구하시오.

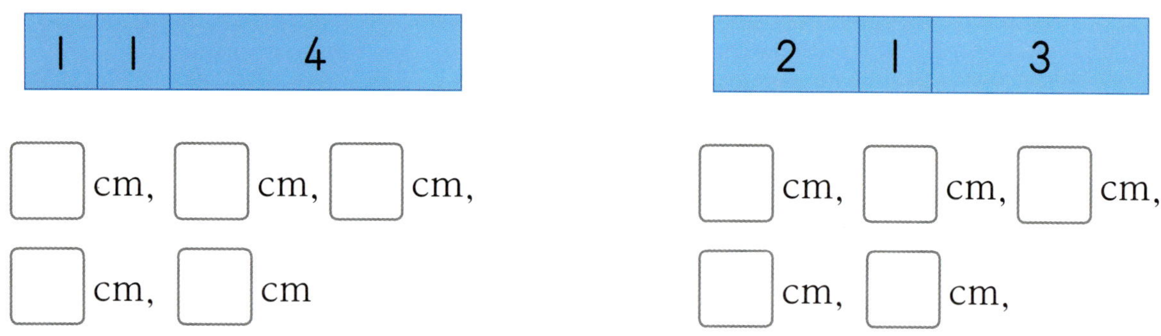

□ cm, □ cm, □ cm,

□ cm, □ cm

□ cm, □ cm, □ cm,

□ cm, □ cm,

❷ 막대의 끝에 Ⅰcm 간격을 만들었습니다. 선을 하나 더 그어서 Ⅰcm부터 6 cm까지 모두 잴 수 있는 만능자를 만들어 보시오.

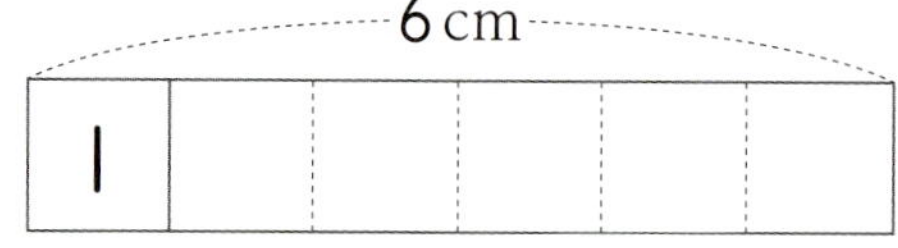

6 cm 길이의 막대 양쪽에 막대 2개를 연결하여 Ⅰcm부터 9 cm까지의 길이를 모두 잴 수 있는 만능 연결자를 만들려고 합니다. □ 안에 알맞은 수를 써넣으시오.

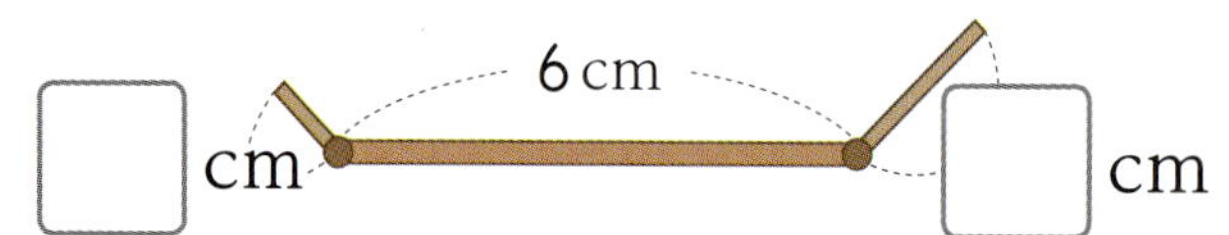

1 |cm부터 9cm 까지의 길이를 잴 수 있는 만능자를 만들려고 하니다. 다음 자에 선을 2개 긋고 칸의 수를 써넣어 9cm 짜리 만능자를 완성하시오.

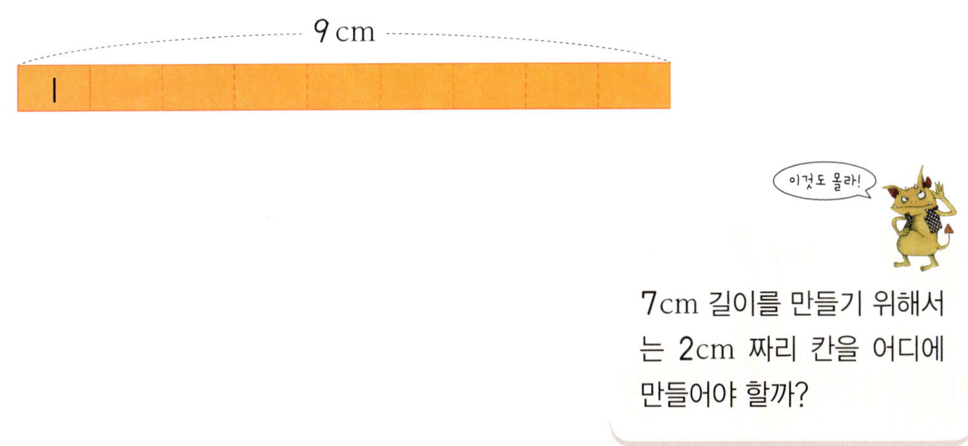

2 아인이와 지오가 각자 길이가 7cm인 만능 연결자를 만들었습니다. 바르게 만 든 사람의 이름을 쓰시오.

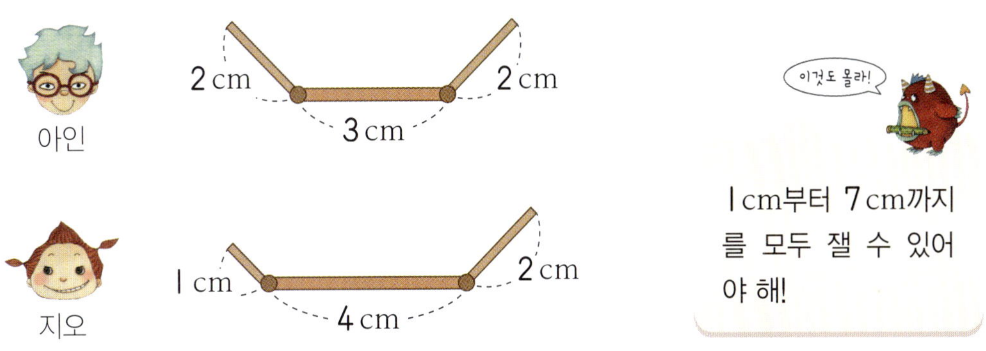

창의적 문제해결력

1 길에 나무 5그루가 심어져 있습니다. 다음을 보고 **나**에서 **라**까지의 거리를 구하시오.

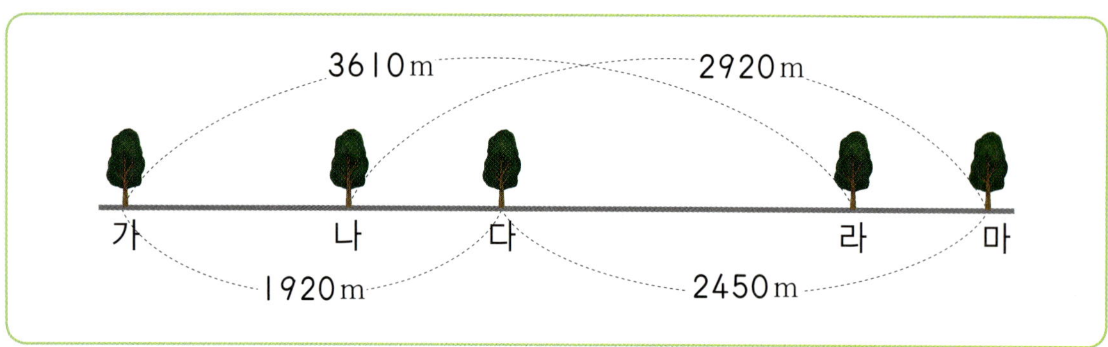

나에서 **라**까지의 거리: ☐ km ☐ m

2 다음 나무판자를 1개 또는 2개 사용하여 길이를 재려고 합니다. 1cm부터 15 cm 중 잴 수 없는 길이를 구하시오.

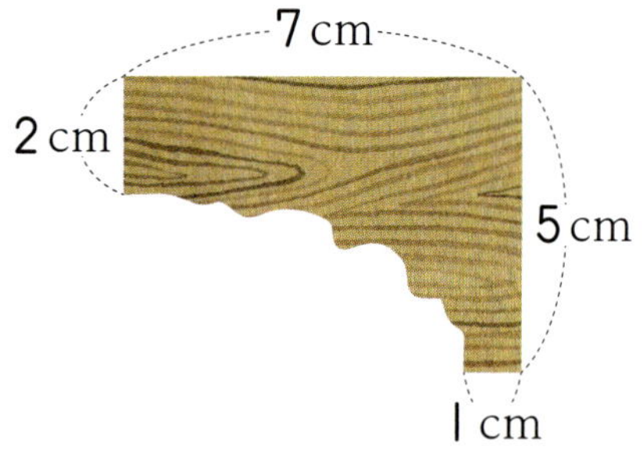

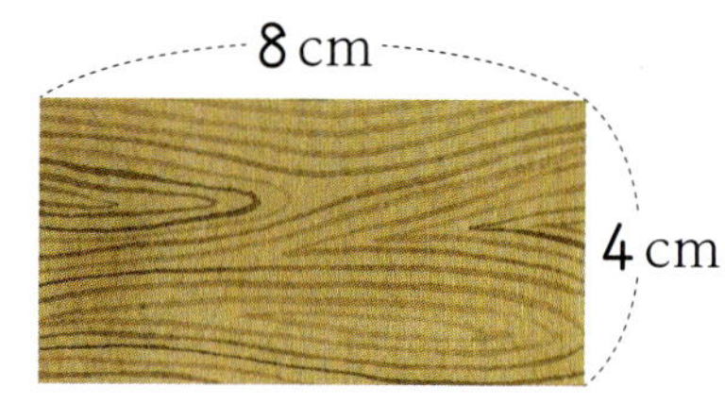

3 크기가 다른 색종이 2장이 있습니다. 색종이를 2번까지 접을 수 있다고 할 때, 1cm부터 12cm까지 색종이를 1장 또는 2장을 사용하여 잴 수 없는 길이는 몇 cm입니까?

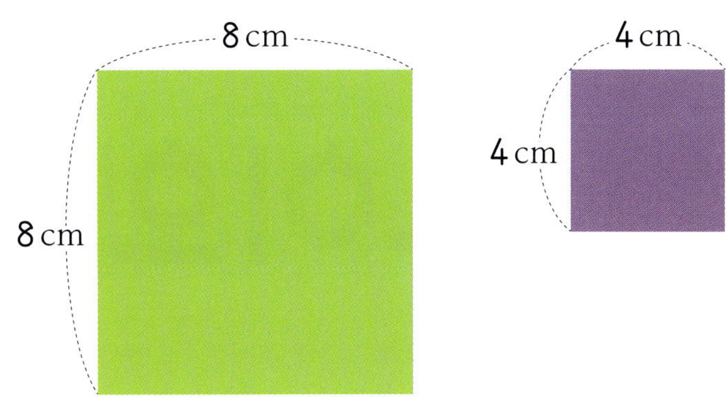

4 다음 자는 1cm부터 8cm까지 중에 길이 하나를 잴 수 없는 잘못 만든 만능자입니다. 잴 수 없는 길이는 몇 cm인지 구하고 선을 3개 그어서 1cm부터 8cm까지 모두 잴 수 있는 만능자를 만들어 보시오.

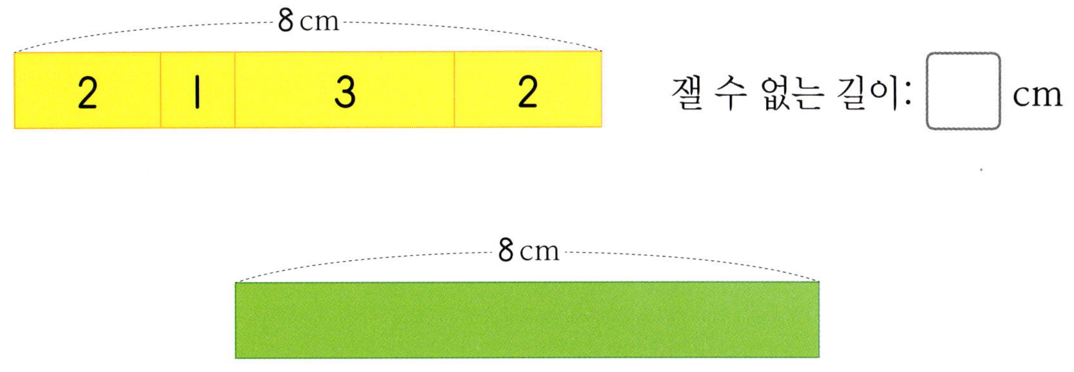

잴 수 없는 길이: [ ] cm

들이와 무게

4 들이 재기

지오는 우유를 마시다가 우유갑에 표시된 영양성분이 궁금해졌습니다.

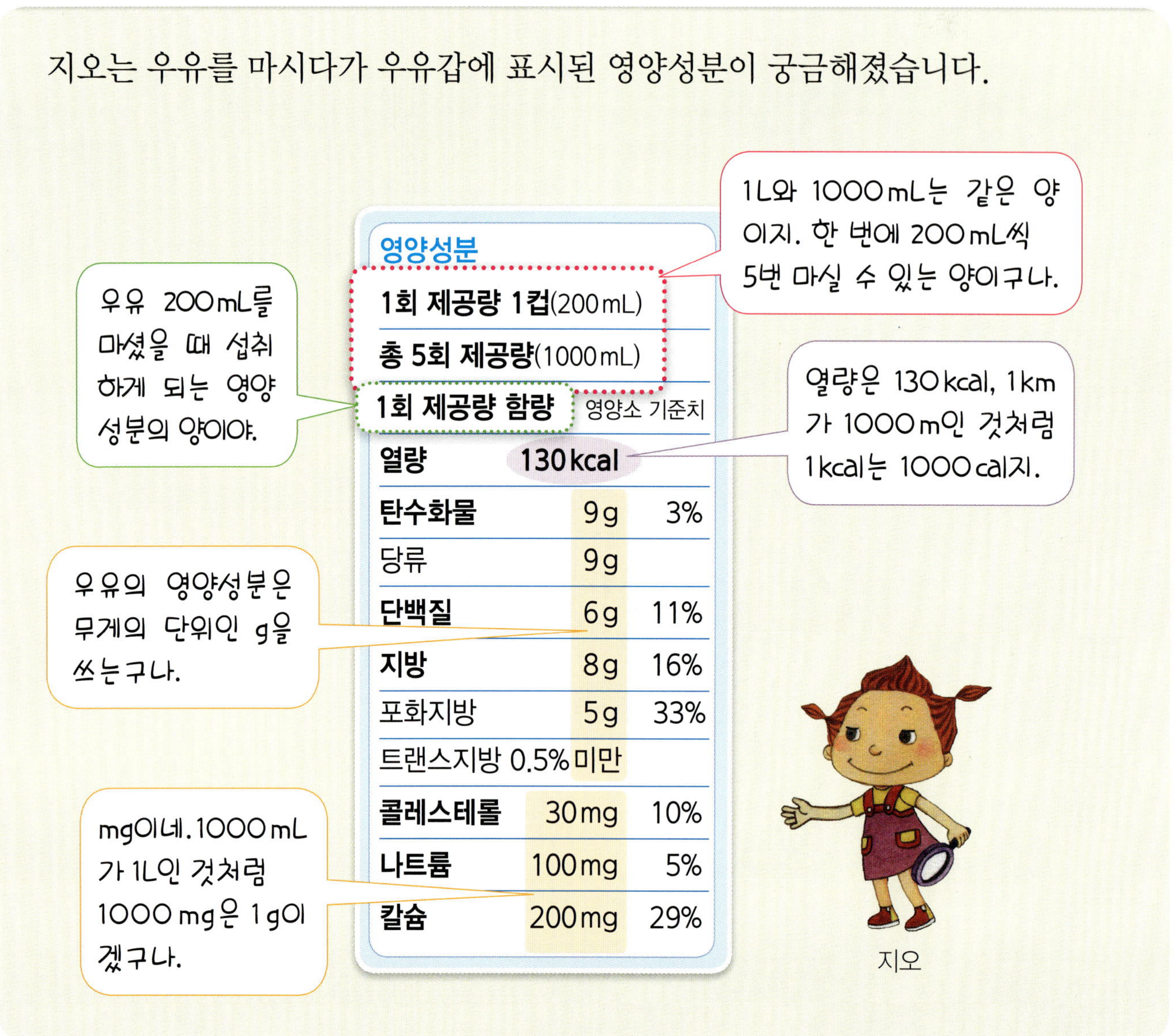

영양성분		
1회 제공량 1컵(200 mL)		
총 5회 제공량(1000 mL)		
1회 제공량 함량	영양소 기준치	
열량	130 kcal	
탄수화물	9 g	3%
당류	9 g	
단백질	6 g	11%
지방	8 g	16%
포화지방	5 g	33%
트랜스지방 0.5% 미만		
콜레스테롤	30 mg	10%
나트륨	100 mg	5%
칼슘	200 mg	29%

지오

우유 1L를 마시면 콜레스테롤, 나트륨, 칼슘을 각각 몇 mg 섭취하게 될까요?

빈 곳에 L와 mL로 들이를 나타내는 데 알맞은 물건의 기호를 쓰시오.

L로 들이를 나타내는 것	mL로 들이를 나타내는 것

들이, 길이, 무게와 같은 측정 단위에는 공통점이 있습니다.
① 들이: 1000mL=1L,　　1kL=1000L
② 길이: 1000mm=1m,　　1km=1000m
③ 무게: 1000mg=1g,　　1kg=1000g

들이를 더하거나 뺄 때는 L는 L끼리, mL는 mL끼리 계산합니다.

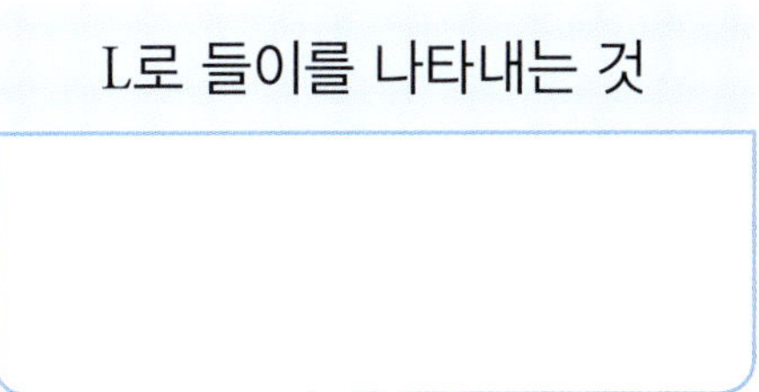
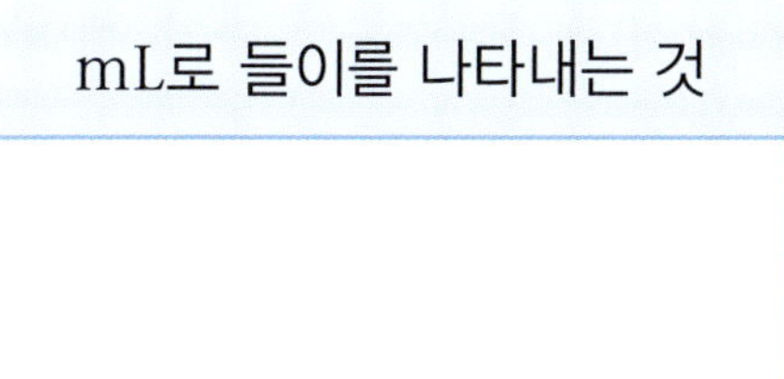

$$
\begin{array}{r}
\overset{1}{} \\
4\,\text{L}\;600\,\text{mL} \\
+\;2\,\text{L}\;700\,\text{mL} \\
\hline
7\,\text{L}\;300\,\text{mL}
\end{array}
\qquad
\begin{array}{r}
\overset{4\quad 1000}{\cancel{5}\,\text{L}\;200\,\text{mL}} \\
-\;1\,\text{L}\;800\,\text{mL} \\
\hline
3\,\text{L}\;400\,\text{mL}
\end{array}
$$

다음 방법에 따라 노란색, 빨간색, 파란색 페인트를 사용하여 주황색과 초록색 페인트를 만들려고 합니다. 주황색과 초록색 페인트를 각각 2L씩 만들고 남은 페인트의 양을 각각 구해 봅시다.

주황색은 노란색 4만큼과 빨간색 1만큼을 섞어 만듭니다.
초록색은 노란색 3만큼과 파란색 2만큼을 섞어서 만듭니다.

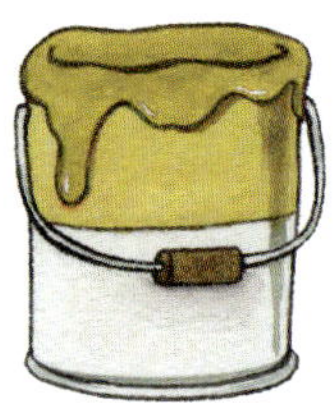
노란색
페인트 4L

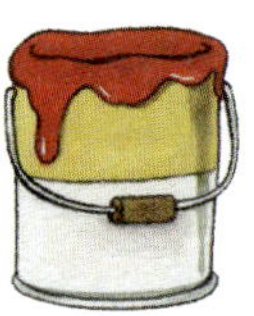
빨간색
페인트 1L

파란색
페인트 1L

❶ 빨간색 페인트를 400mL를 사용하여 주황색 페인트를 만들었습니다. 노란색 페인트를 몇 mL 넣어야 합니까?

❷ 노란색 페인트를 1200mL 사용하여 초록색 페인트를 만들었습니다. 파란색 페인트는 몇 mL 넣어야 합니까?

❸ 주황색, 초록색 페인트를 만들고 남은 페인트의 양을 각각 구하시오.

노란색 페인트	빨간색 페인트	파란색 페인트
4 L	1000 mL	1000 mL
− ☐ L ☐ mL	− ☐ mL	− ☐ mL
☐ L ☐ mL	☐ mL	☐ mL

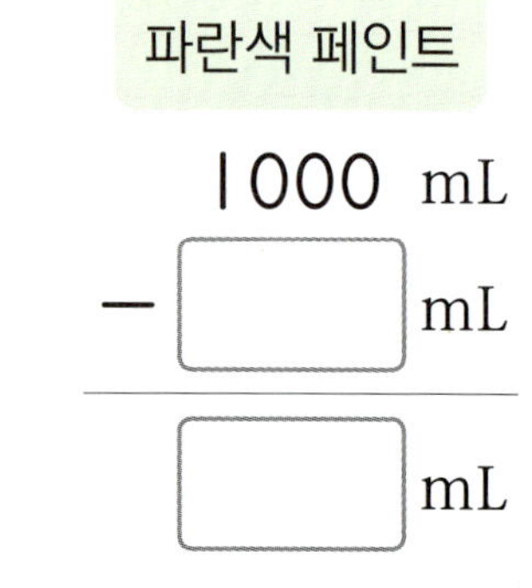

1 물통에 물을 가득 채우기 위해서는 컵과 양동이에 물을 가득 채워 2번씩 부어야
합니다. 물통의 들이를 구하시오.

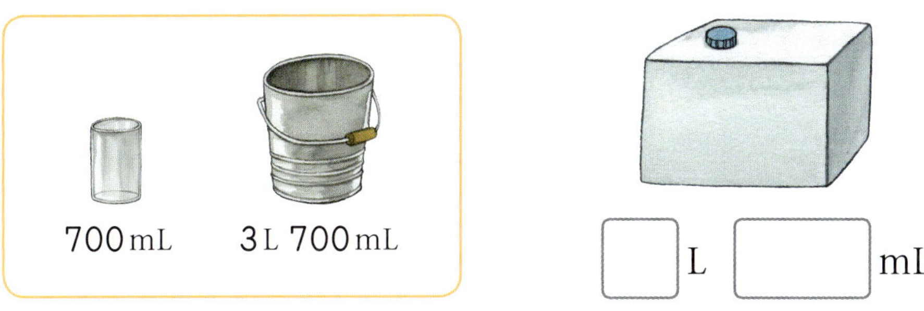

☐ L ☐ mL

2 초이는 부모님과 시골 할머니 댁에 갔습니다. 도착해서 아버지는 사용한 휘발유
의 양을 꼼꼼하게 적어 놓았습니다. 다음 글을 보고 물음에 답하시오.

- 출발할 때의 휘발유 양: 15 L 400 mL
- 휴게소에 도착했을 때 휘발유 양: 7 L 600 mL
- 휴게소에서 넣은 휘발유 양: 34 L 200 mL
- 도착했을 때 남은 휘발유 양: 18 L 600 mL

휴게소에서 출발할 때의 휘
발유의 양을 34 L 200 mL
라고 생각하면 안 돼.

❶ 휴게소에 도착할 때까지 사용한 휘발유의 양을 구하시오.

❷ 휴게소에서 할머니 댁까지 가는 데 사용한 휘발유의 양을 구하시오.

 들이 만들기

서로 다른 들이의 물통 5개를 한 번씩 사용하여 다양한 방법으로 6 L 들이의 어항에 물을 채우려고 합니다. 방법에 맞게 ☐ 안에 써넣으시오.

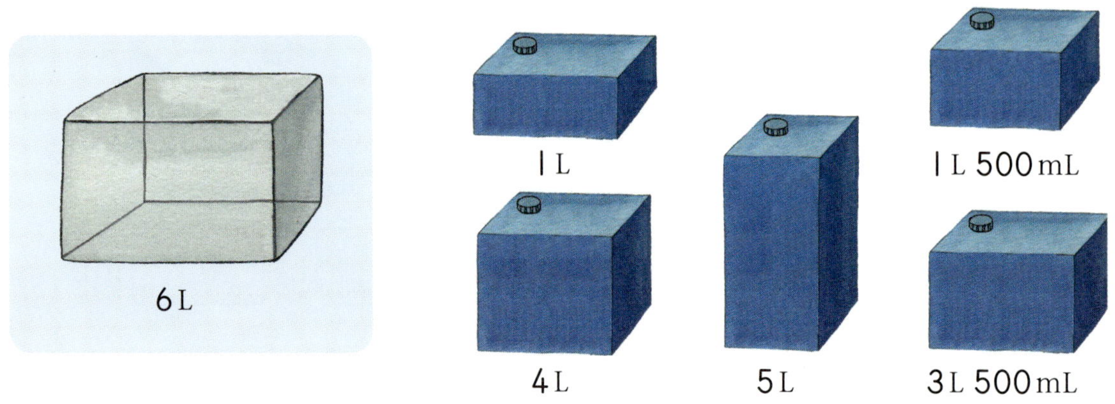

두 물통의 들이를 더하는 방법

1 L 통과 5 L 통에 물을 가득 채워 어항에 한 번씩 부으면 어항이 가득 찹니다.
→ 1 L + 5 L = 6 L

세 물통의 들이를 더하는 방법

☐ 통, ☐ 통, ☐ 통에 물을 가득 채워

한 번씩 어항에 붓습니다.

→ ☐ + ☐ + ☐ = 6 L

두 물통의 들이는 더하고 한 물통의 들이를 빼는 방법

☐ 통에 물을 가득 채운 후 어항에 붓습니다. 다음으로 ☐

통에 물을 가득 채워 ☐ 통에 가득 옮겨 담은 후, 남은 물을 어항

에 붓습니다.

→ ☐ + ☐ − ☐ = 6 L

1 그릇 5개 중 3개를 한 번씩 사용하여 8 L의 통에 물을 가득 채우는 방법이 2가지 있습니다. ☐ 안에 알맞은 그릇의 기호를 써넣으시오.

$$\boxed{} + \boxed{} + \boxed{} = 8\,L$$

$$\boxed{} + \boxed{} + \boxed{} = 8\,L$$

2 3 L와 5 L 물통으로 1 L의 물을 만들려고 합니다. 과정을 나타낸 표의 빈칸에 3 L와 5 L의 물통에 담겨 있는 물의 양을 쓰시오. 단, 물은 자유롭게 담거나 버릴 수 있습니다.

3 L 물통	5 L 물통	방 법
3	0	3 L 통에 물을 가득 채웁니다.
0	3	3 L 통의 물을 5 L 통으로 모두 옮깁니다.
	3	다시 3 L 통에 물을 가득 채웁니다.
1		3 L 통의 물을 5 L 통이 가득 차도록 옮기면 3 L 통에 물이 1 L만 남습니다.

전체 과정을 식으로 나타내면 3＋3－5 ＝1이야!

5 무게

물건이 무겁거나 가벼운 정도를 무게라고 합니다. 우리가 살고 있는 지구는 지구 위의 모든 것들을 강하게 끌어당기고 있는데, 무거운 물건은 강하게, 가벼운 물건은 약하게 끌어당깁니다. 이 끌어당기는 힘이 무게가 되는 것입니다.

지구에서는 무거워서 혼자 들기 힘든 물건도 달에 가면 쉽게 들 수 있다고 합니다. 이 유를 이야기하여 봅시다.

① ★모양의 무게를 정확하게 알 수 있는 것의 기호를 쓰고 무게를 구하시오.

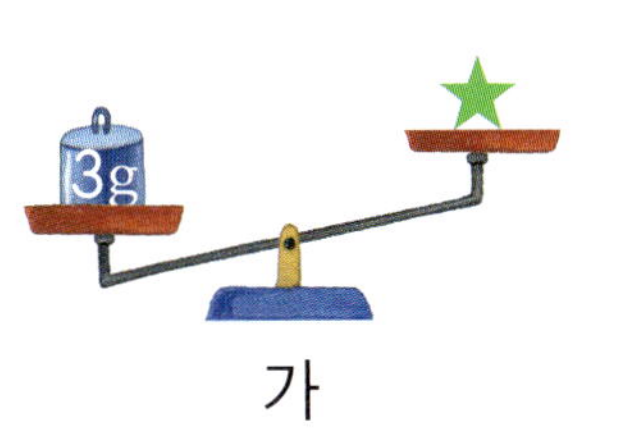

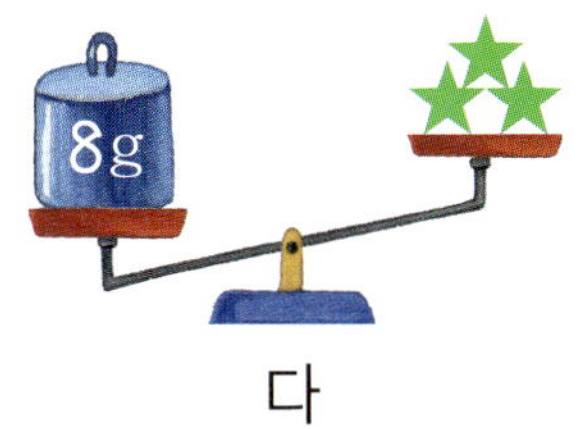

가   나   다

② ☐ 안에 g과 kg 중에서 알맞은 무게 단위를 써넣으시오.

4 ☐   3 ☐   200 ☐

노크 포인트

무게를 잴 수 있는 여러 가지 도구가 있습니다.

① 눈금이 있는 저울은 물건을 올려놓으면 눈금으로 무게를 알 수 있습니다.

② 수평저울에 물건을 올려놓아 평형을 이루도록 하여 무게를 잴 수도 있습니다.

③ 시소나 모빌은 중심점에서 떨어진 거리와 모빌의 무게와의 곱이 같으면 평형을 이룹니다.

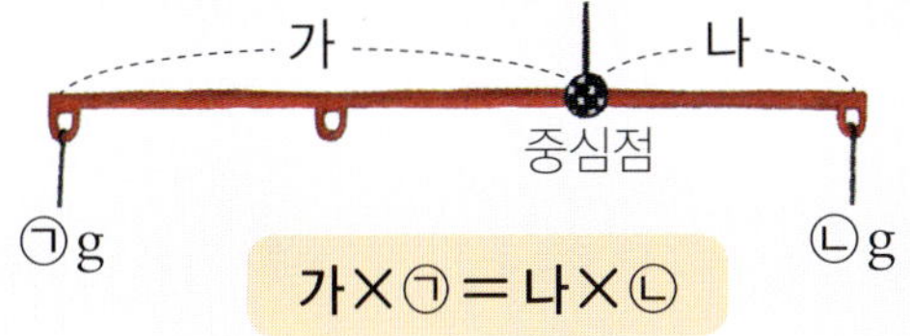

무게가 4 kg인 저울을 피라미드 모양으로 쌓았을 때 저울의 눈금이 어떻게 되는지 알아봅시다.

2개의 저울 위에 저울을 1개 올리면 아래에 있는 저울에 각각 위에 올린 무게의 반이 주어집니다.

❶ 오른쪽 그림과 같이 저울을 피라미드 모양으로 쌓았을 때 바늘이 빈 1층 저울 3개에 바늘을 그려 보시오.

❷ 저울을 피라미드 모양으로 쌓고 제일 위에 있는 저울의 접시에 가방을 올렸습니다. 가방의 무게를 구해 보시오.

1 저울의 눈금과 무게를 보고 저울에 올린 선물상자 중 더 가벼운 선물상자의 무게를 구하시오.

저울의 무게: 3 kg

저울의 무게: 1 kg 500 g

2 모두 같은 무게의 저울로 측정한 것입니다. 맨 위의 저울에 올린 곰 인형의 무게를 구하시오.

모빌 저울

모빌은 다음과 같은 원리에 의해 평형을 이룹니다. 단, 모빌에 연결된 막대와 실의 무게는 생각하지 않습니다.

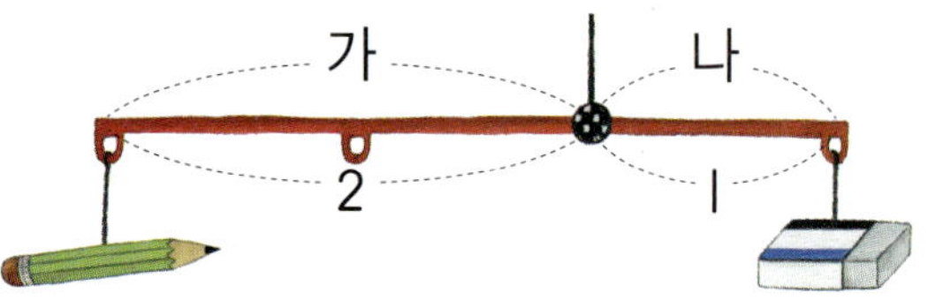

$$(\text{연필의 무게}) \times (\text{가의 거리}) = (\text{지우개의 무게}) \times (\text{나의 거리})$$

연필의 무게가 **3**이라면
$3 \times 2 = (\text{지우개의 무게}) \times 1$
지우개의 무게는 **6**입니다.

1 학용품 아래에 적힌 수는 무게를 나타냅니다. ㉠과 ㉡의 무게를 ☐ 안에 써넣으시오. 단, 고리 사이의 간격은 모두 같습니다.

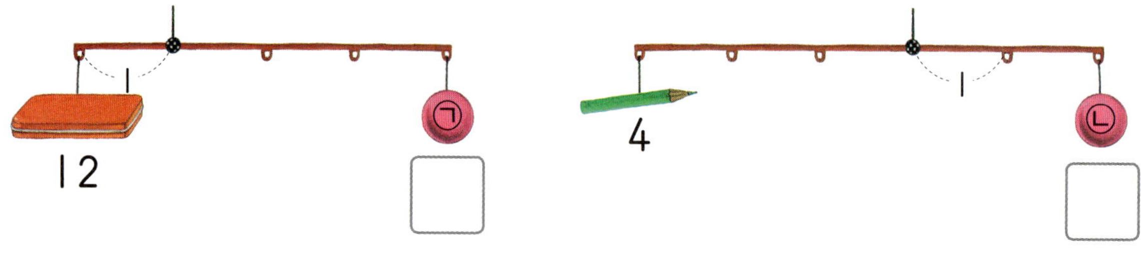

2 모빌에 여러 가지 물건을 단 경우, 한쪽에 있는 물건의 무게와 거리를 각각 곱한 값의 합이 반대쪽의 합과 같을 때 평형을 이룹니다. 다음 모빌을 보고 자동차의 무게를 구하시오. 단, 고리 사이의 간격은 모두 같습니다.

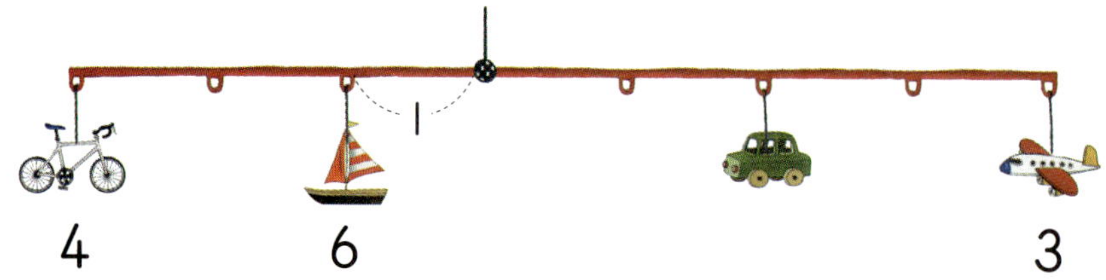

1 시소의 한쪽에 원숭이가 타고 있습니다. 시소가 평형을 이루도록 ㉮ 자리나 ㉯ 자리에 동물을 태우려고 합니다. 토끼, 다람쥐, 사슴 중에서 어느 자리에도 탈 수 없는 동물을 쓰시오.

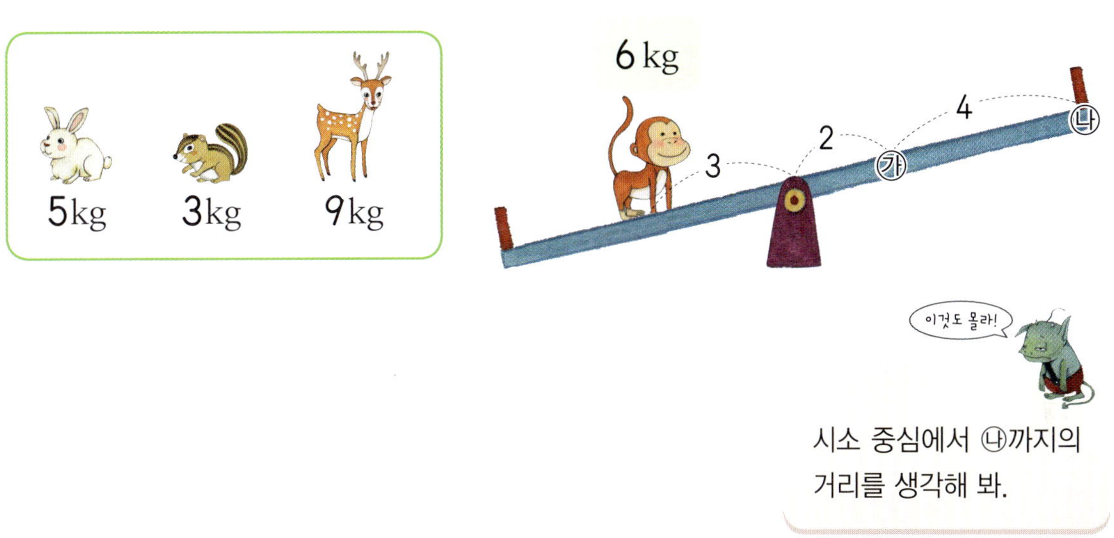

2 저울의 양쪽에 중심점부터의 거리가 1부터 10까지 적혀 있고 추를 걸 수 있도록 만든 수학저울이 있습니다. 수학저울에 무게가 1인 추 한 개를 더 걸어서 양쪽이 평형을 이루도록 하려고 합니다. 추를 걸어야 하는 곳의 번호를 쓰시오. (단, 추 아래의 숫자는 추의 무게입니다.)

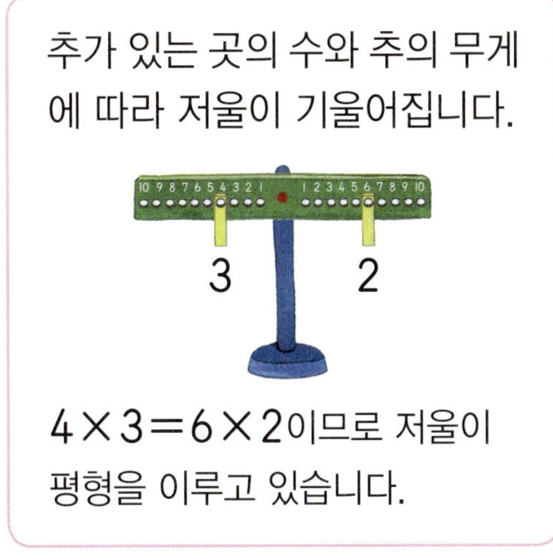

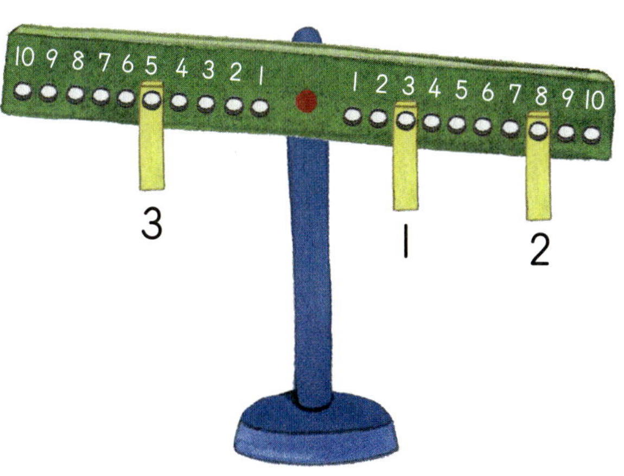

양팔 저울

옛날 어느 나라의 왕이 똑똑한 신하를 뽑기 위해서 나라 곳곳에 다음과 같은 글을 붙였습니다.

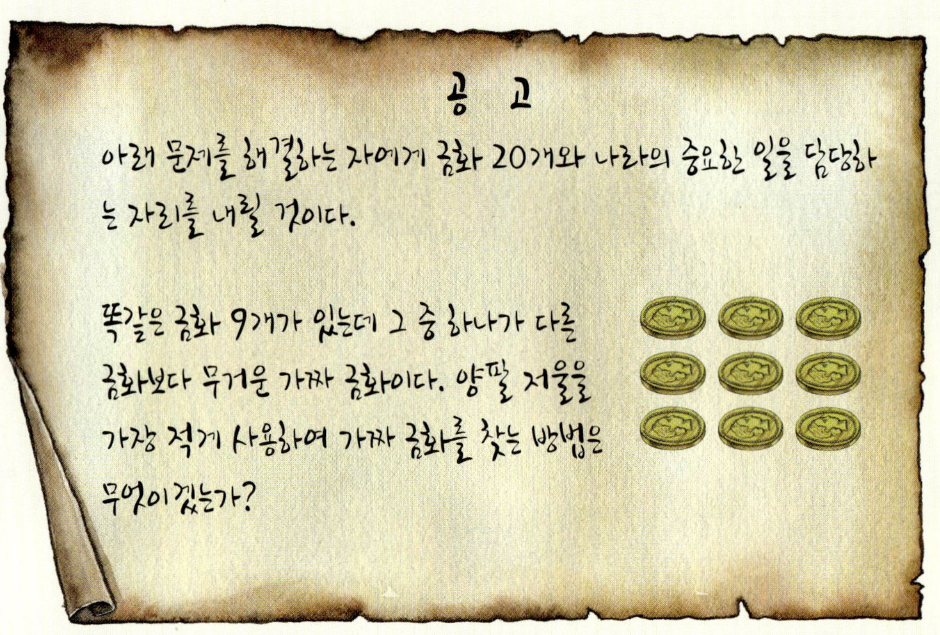

그 후 많은 사람들이 양팔 저울을 **3**번 사용하여 가짜 금화를 찾는 방법을 알아내었습니다. 그러던 어느 날 한 청년이 찾아와 **2**번 만에 가짜 금화를 찾을 수 있다고 하였습니다.

다음은 청년이 가짜 금화를 찾은 방법입니다. 가짜 금화는 몇 번입니까?

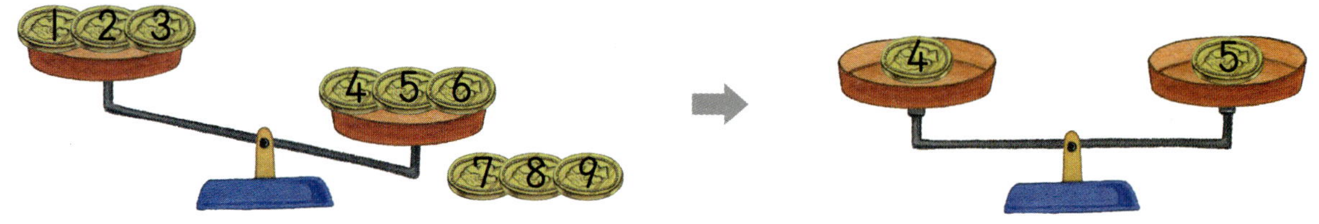

다음과 같이 양팔 저울을 2번 사용하여 9개의 금화 중 무거운 가짜 금화를 찾으려고 합니다. 가짜 금화의 번호를 쓰시오.

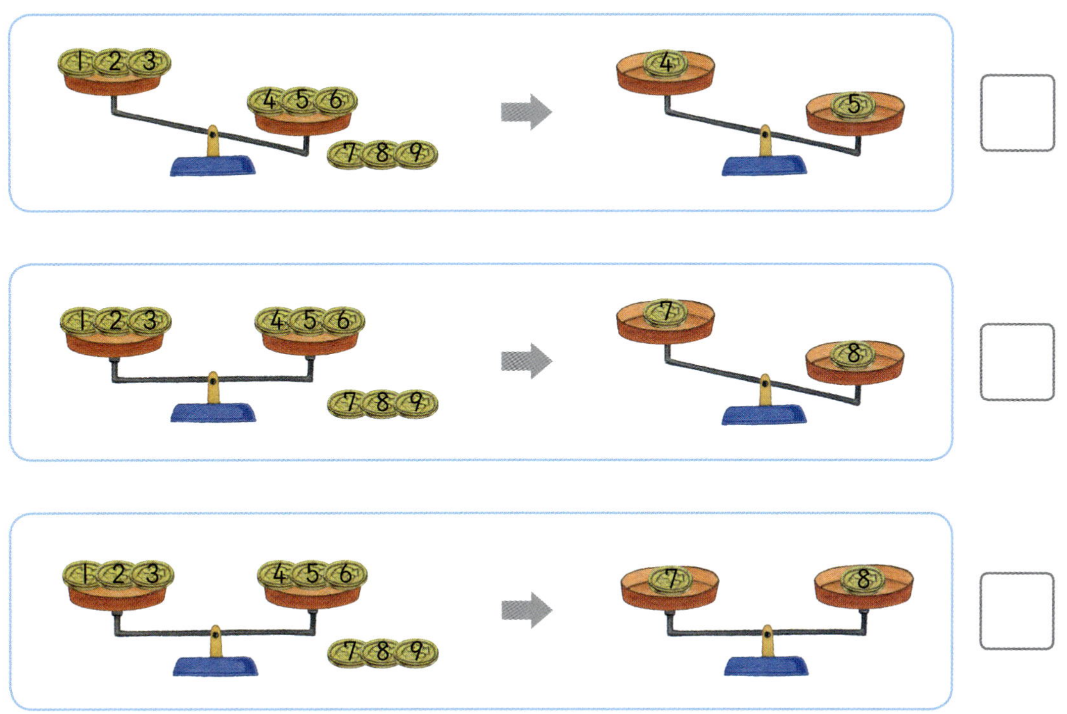

평형을 이룬 양팔 저울의 양쪽에 같은 물건을 더하거나 빼도 평형이 유지됩니다.

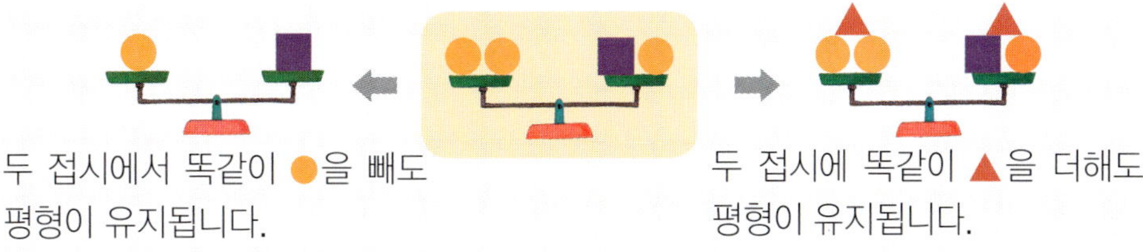

두 접시에서 똑같이 ●을 빼도 평형이 유지됩니다.

두 접시에 똑같이 ▲을 더해도 평형이 유지됩니다.

평형을 이룬 양팔 저울에 무게가 같은 물건을 바꾸어 올려도 평형이 유지됩니다.

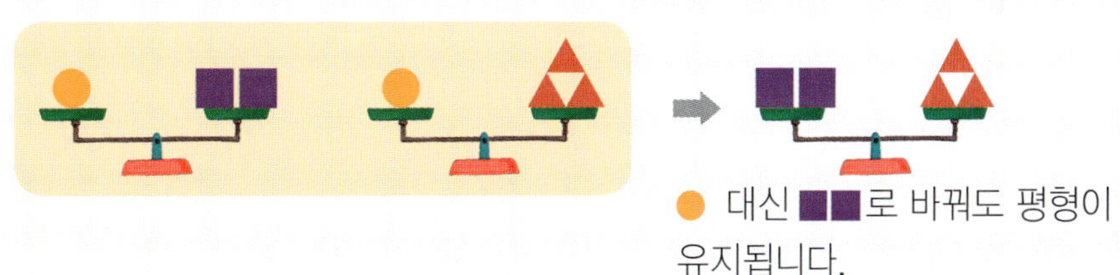

● 대신 ■■로 바꿔도 평형이 유지됩니다.

마지막 양팔 저울이 평형을 이루도록 하기 위해 오른쪽 접시에 🔺를 몇 개 더 올려야 하는지 알아봅시다.

❶ 첫 번째 양팔 저울의 양쪽에서 똑같은 모양을 빼도 평형을 이룹니다. ☐ 안에 알맞은 수를 써넣으시오.

🟠 ☐ 개 = 🟪 ☐ 개

❷ ❶을 보고 두 번째 양팔 저울이 평형을 이루도록 🟠 대신 🟪를 몇 개 올립니다. ☐ 안에 알맞은 수를 써넣으시오.

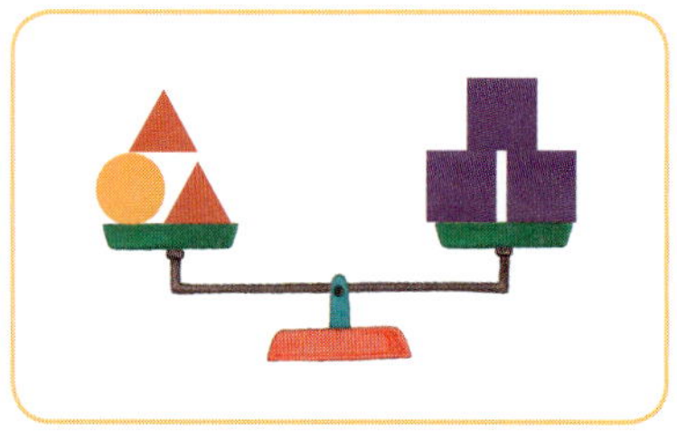

🔺 ☐ 개 = 🟪 | 개

❸ 🟠 | 개는 🔺 몇 개와 무게가 같습니까?

🟠 | 개 = 🔺 ☐ 개

❹ 마지막 저울의 오른쪽 접시에 🔺 몇 개를 더 올려야 합니까?

1 평형을 이룬 양팔 저울을 보고 다음 양팔 저울이 평형을 이루도록 하기 위해 오른쪽에 올려 놓아야 하는 감의 개수를 구하시오.

2 ☐ 안에 양팔 저울이 평형을 이루게 하기 위해서 놓아야 하는 가와 나의 구슬의 개수를 써넣으시오.

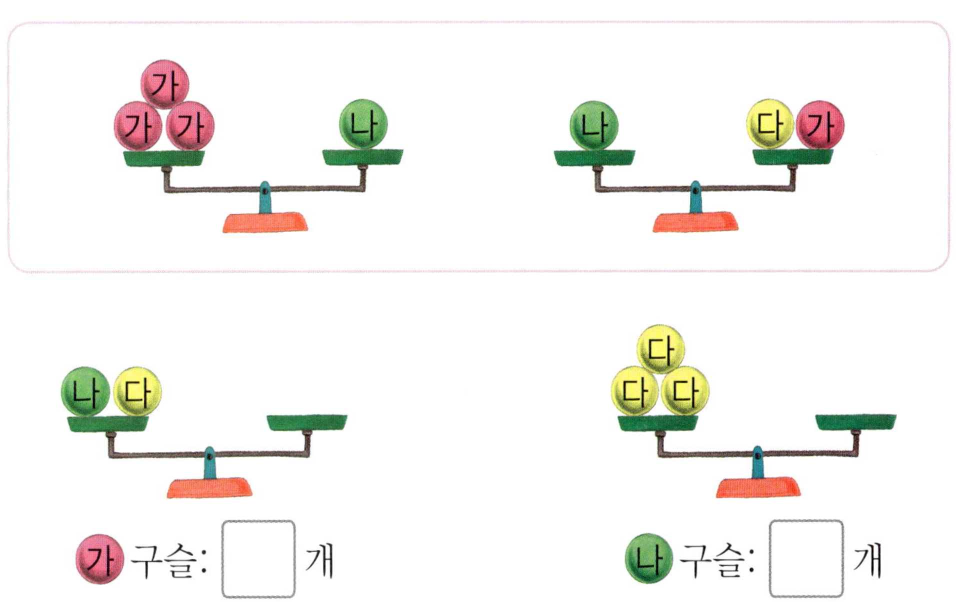

잴 수 있는 무게

양팔 저울과 무게가 2g, 5g인 추가 2개씩 있습니다. 이 추를 사용하여 잴 수 있는 무게는 모두 몇 가지인지 구하시오.

❶ 추를 한쪽에만 올릴 경우 잴 수 있는 무게를 모두 쓰시오.

- 추를 1개 올릴 때: ☐ g, ☐ g

- 추를 2개 올릴 때: ☐ g, ☐ g, ☐ g

- 추를 3개 올릴 때: ☐ g, ☐ g

- 추를 4개 올릴 때: ☐ g

❷ 추를 양쪽에 올릴 경우 잴 수 있는 새로운 무게를 모두 쓰시오.

- 양쪽에 1개씩 올릴 때: ☐ g

- 한쪽에 1개, 다른 쪽에 2개 올릴 때: ☐ g, ☐ g

- 양 쪽에 각각 2개씩 올릴 때: ☐ g

❸ 잴 수 있는 무게는 모두 몇 가지입니까?

1 무게가 1 g, 4 g, 5 g인 추가 1개씩 있습니다. 다음 중 이 추와 양팔 저울을 사용하여 잴 수 없는 무게에 ✕표 하시오.

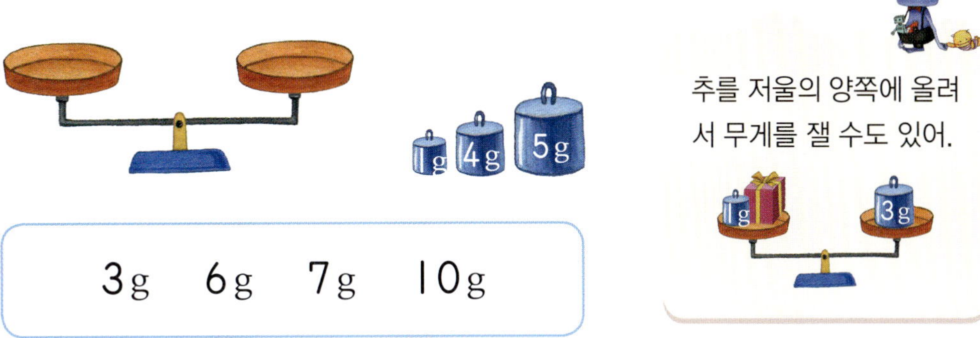

3g　6g　7g　10g

2 무게가 2 g, 3 g, 6 g인 추가 1개씩 있습니다. 1 g부터 11 g까지의 무게를 모두 재려고 합니다. 잴 수 없는 무게는 모두 몇 가지인지 구하시오.

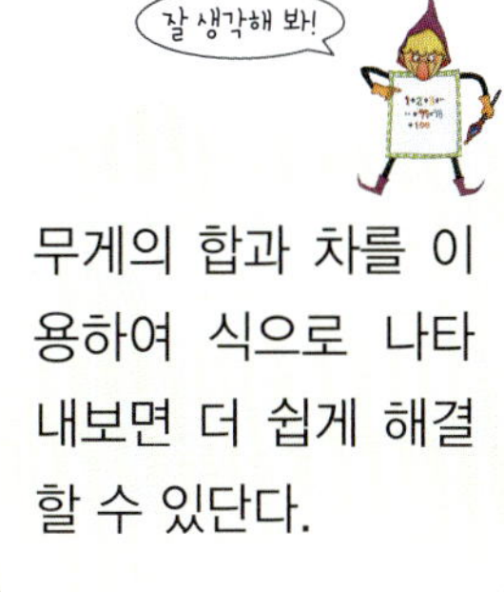

1 양팔 저울에 다음과 같이 4가지 공을 올려놓았더니 모두 평형을 이루었습니다. 무거운 공부터 순서대로 기호를 쓰시오.

2 양팔 저울에 색연필, 지우개, 딱풀을 올려놓았더니 다음과 같았습니다. 지우개의 무게를 구하시오.

지우개 1개의 무게: ☐ g

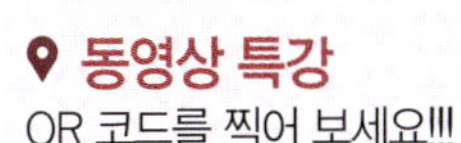

3 모빌의 ㉠, ㉡, ㉢의 위치에 모형들을 하나씩 골라 걸어서 모빌이 평형을 이루도록 하려고 합니다. 각각에 걸어야 할 모형의 기호를 써넣으시오. 단, 고리 사이의 간격은 모두 같습니다.

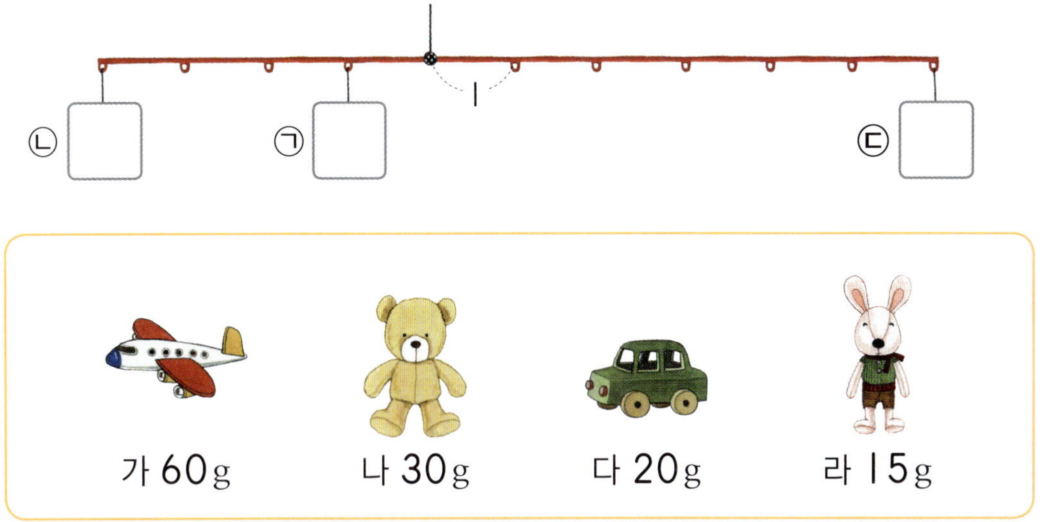

4 모양과 크기가 같은 12개의 금 중에 하나는 진짜 금보다 가벼운 가짜입니다. 양팔 저울을 사용한 것을 보고 가짜 금을 찾아 번호를 쓰시오.

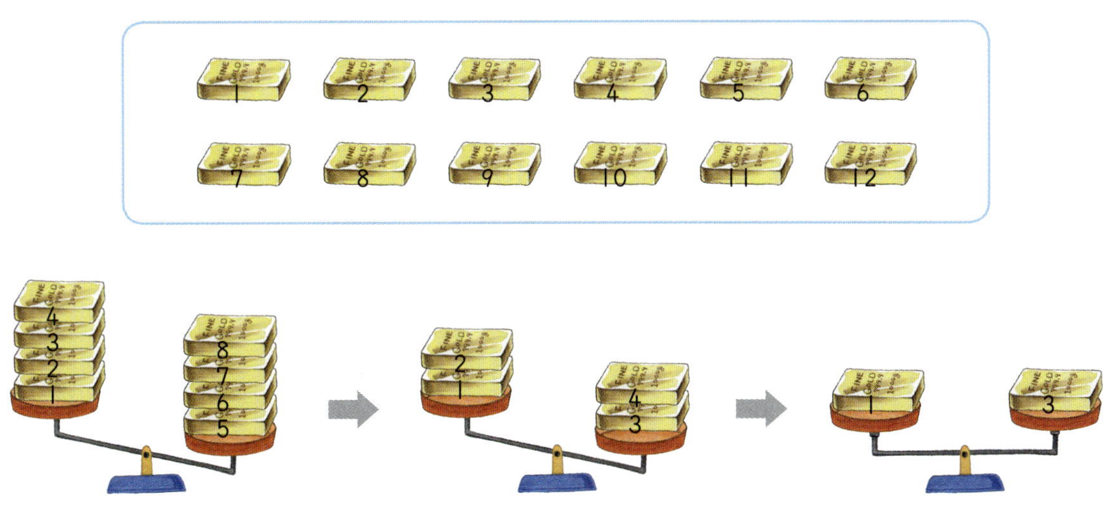

Chapter 3

둘레

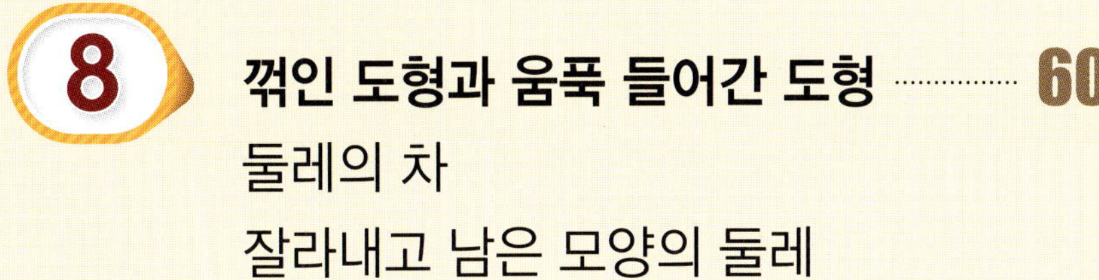

7 둘레 구하기

태경이는 둘레를 구하는 숙제를 하기 위해서 도형의 변의 길이를 자로 재어 적어 놓았는데 장난 요괴가 변의 길이를 하나씩만 남겨놓고 모두 지워버렸습니다.

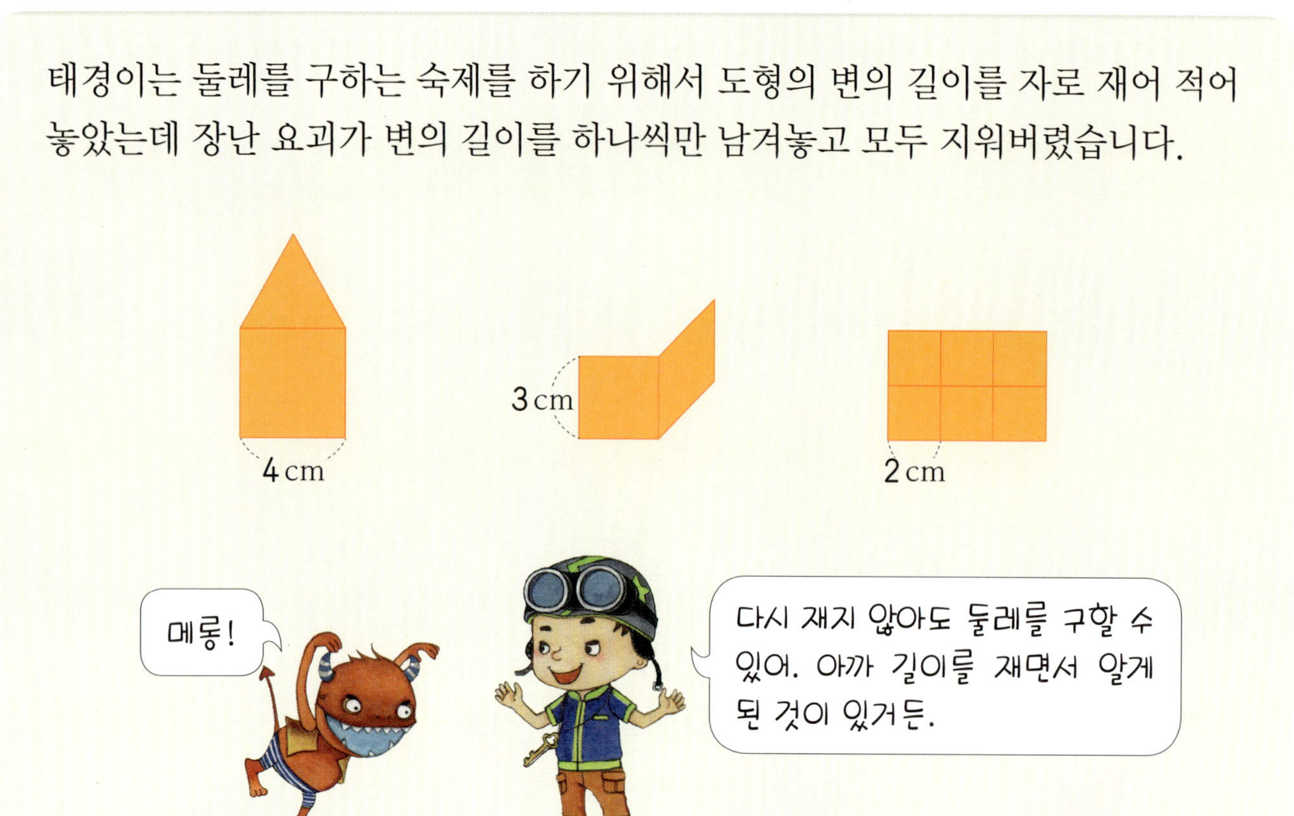

태경이의 이야기를 듣고 세 모양의 둘레를 각각 구하시오.

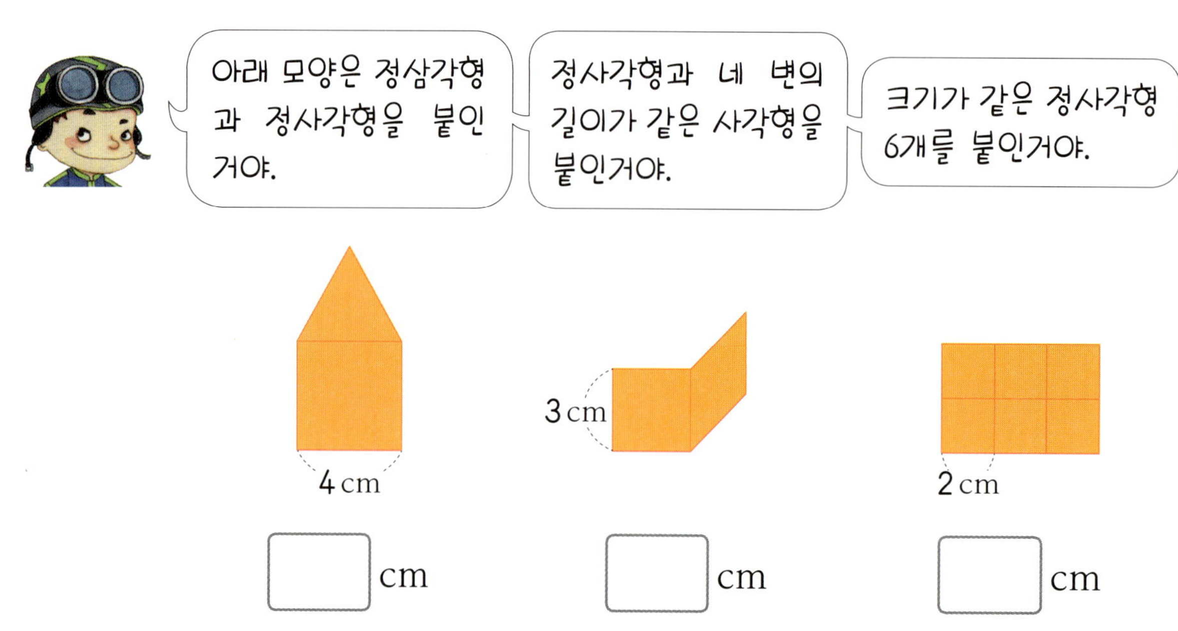

MEMO

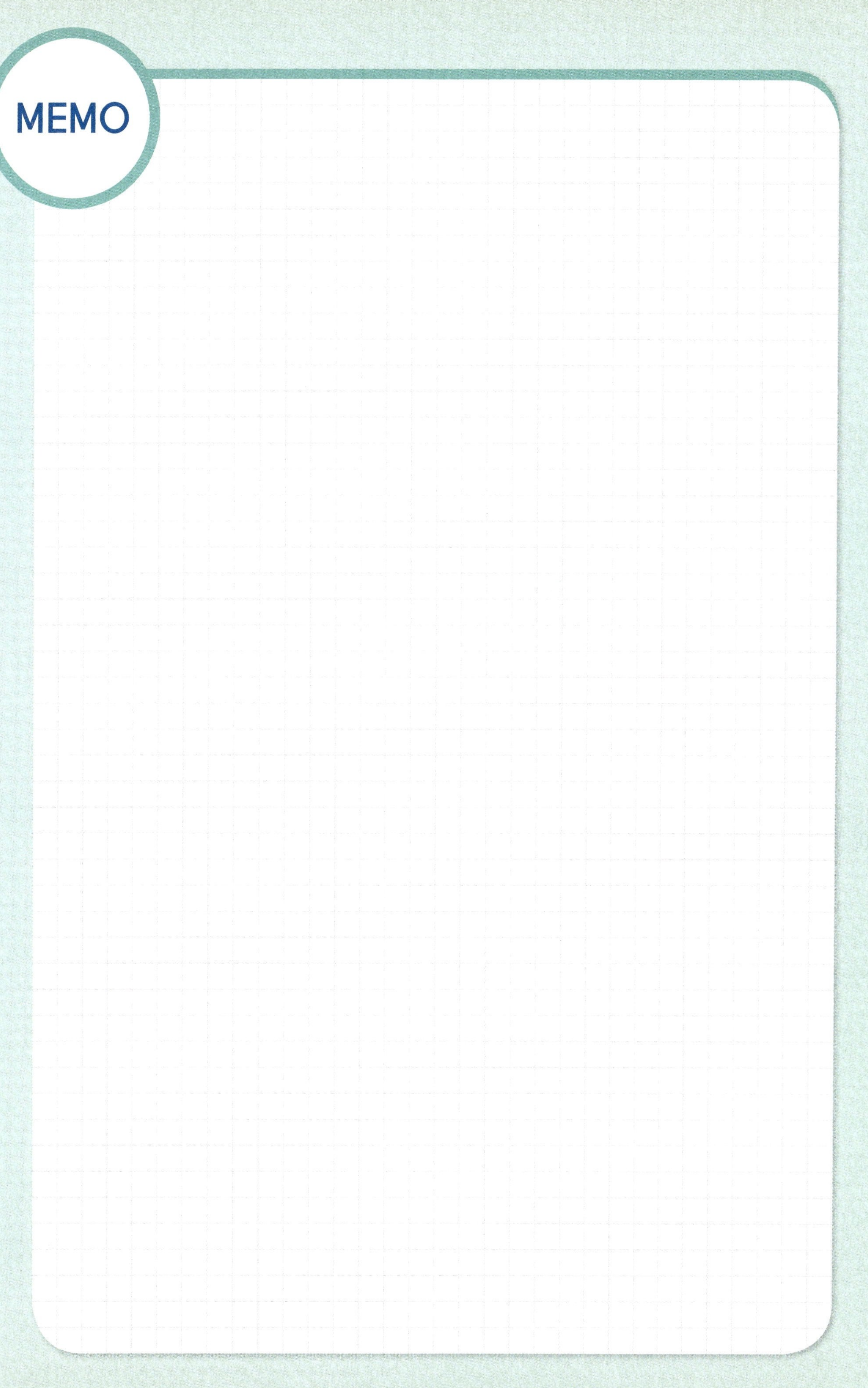
MEMO

🐿 2개의 고장 난 시계

하루에 10분이 느려지는 시계와 20분이 빨라지는 시계가 있습니다. 어느 날 정오에 두 시계를 정확하게 맞추었을 때, 고장난 시계가 정확한 시각을 가리키는 때와 두 시계가 같은 시각을 가리키는 때를 알아보시오.

하루에 10분 느려지는 시계 
가

하루에 20분 빨라지는 시계 
나

❶ 매일 정오에 두 시계가 가리키는 시각을 관찰하였습니다. 표를 완성하시오.

		1일 후	2일 후	3일 후	4일 후
현재 시각	12시	12시	12시	12시	12시
가	12시	11시 50분	11시 40분	11시 30분	11시 20분
나	12시	12시 20분	12시 40분	1시	1시 20분
가와 나의 시간차	0분	30분	1시간	1시간 30분	2시간

❷ 고장난 시계가 정확한 시계보다 몇 시간이 늦거나 빠르면 정확한 시계와 같아지게 되니까? **12시간**

❸ 가 시계와 나 시계가 각각 처음으로 정확한 시각을 가리키는 것은 시계를 맞춘 날로부터 며칠 후입니까? **가: 72일 후, 나: 36일 후**
정확한 시계와 12시간(720분)만큼 차이가 나면 정확한 시계와 한 바퀴 차이가 나므로 같은 시각을 가리키게 됩니다.

❹ 고장 난 두 시계가 처음으로 같은 시각을 가리키는 것은 며칠 후입니까?
24일 후
고장난 두 시계는 매일 30분씩 차이가 늘어나므로 12시간(720분)만큼 차이가 나려면 30분×24일=720(분)이므로 24일 후가 됩니다.

---

1 1시간에 5분씩 빨라지는 시계와 하루에 48분씩 느려지는 시계가 있습니다. 두 시계를 12시 정각에 맞추어 놓았습니다. 5시간 뒤에 두 시계가 가리키는 시각은 몇 분 차이가 납니까? **35분**
하루에 48분씩 느려지는 시계는 1시간에 2분씩 느려집니다. 고장난 두 시계는 1시간에 7분씩 차이가 나므로 5시간 뒤에는 35분 차이가 납니다.

2 한 시간에 2분씩 빨라지는 시계와 3분씩 느려지는 시계가 있습니다. 두 시계 모두 4월 1일 정오에 정확하게 시각을 맞추어 놓았습니다. 두 시계가 처음으로 같은 시각을 나타내는 때는 언제인지 구하시오. **4월 7일 낮 12시**
1시간에 5분씩 차이가 나므로 하루에 2시간 차이가 납니다. 2×6=12이므로 12시간 차이가 나서 두 시계가 같은 시각을 나타내는 때는 6일 후인 4월 7일 낮 12시입니다.

🧒 창의적 문제해결력

1 다음 시계의 시각에서 10시 정각이 될 때까지 긴바늘과 초바늘이 각각 몇 바퀴를 돌아야 하는지 구하시오. 단, 시곗바늘이 완전히 돌아 제자리에 돌아올 경우를 한 바퀴로 생각합니다.

긴바늘: **2** 바퀴   초바늘: **162** 바퀴

7시 17분 55초에서 10시가 되려면 2시간 42분 5초가 흘러야 하므로 긴바늘은 2바퀴, 초바늘은 162바퀴 돌게 됩니다.

2 다음 시계는 일반 시계와 똑같이 생겼지만 짧은바늘이 하루에 한 바퀴만 움직입니다. 두 바늘이 모두 12를 가리킬 때를 자정이라고 할 때, 시계가 나타내는 현재 시각을 구하시오.

오후 **6** 시 **36** 분

큰 눈금 1칸을 움직이는 데 걸리는 시간이 2시간이므로 긴바늘이 한 바퀴 돌면 2시간이 지납니다.

3 아인이는 손목 시계가 자꾸 늘어지는 것 같아 토요일 낮 12시 정각에 정확히 맞추어 놓고 다음 날인 일요일 낮 12시에 확인해 보니 11시 58분을 가리키고 있었습니다. 시계를 고치지 않고 두었을 때, 시계는 일주일 뒤 일요일 오전 9시에 몇 시 몇 분 몇 초를 가리키게 됩니까?

8 시 **44** 분 **15** 초

하루에 2분(120초)이 느려지므로 1시간에는 5초씩 느려집니다.
일주일 뒤 일요일 오전 9시는 정확히 맞춘 날로부터 7일 21시간 후이므로 손목 시계는 정확한 시계보다 15분 45초 느려집니다.

4 초이네 집에는 7분과 11분을 잴 수 있는 모래시계 2개가 있습니다. 초이는 이 모래시계를 사용하여 다음 방법에 따라 시간을 재려고 합니다. 초이는 몇 분을 재려고 한 것인지 구하시오. 단, 모래시계를 뒤집을 때의 시간은 생각하지 않습니다. **15분**

㉠ 두 모래시계를 동시에 뒤집습니다.
㉡ 7분짜리 모래시계가 끝나면 바로 다시 뒤집습니다.
㉢ 11분짜리 모래시계가 끝나면 바로 시간을 재고 있던 7분짜리 모래시계를 도중에 다시 뒤집습니다.
㉣ 처음부터 도중에 다시 뒤집은 7분짜리 모래시계의 모래가 모두 떨어질 때까지의 시간을 구합니다.

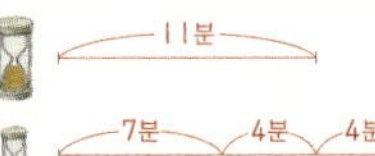

4분을 잰 모래시계를 도중에 뒤집으면 역시 4분을 잴 수 있습니다.

정답 및 해설 **21**

12 고장 난 시계

시간을 소중하게 생각한 한 노인이 신문에 광고를 내었습니다.

> **정확한 시계를 구합니다.**
>
> 초바늘까지 정확한 시계는 너무나 비싸고, 값이 싼 시계는 시각을 맞추고 다시 맞춰도 하루에 한 번 정확한 시각을 나타내지 못합니다.
> 정오에 라디오에서 12시 정각을 알리는 방송이 나올 때, 초바늘까지 정확히 12시를 가리키는 시계를 20만원에 삽니다.

여러 사람이 시계를 들고 왔지만 첫날에는 시각이 맞는 듯 하다가 다음 날이 되면 시계가 빨라지거나 늦어졌습니다. 그러던 어느 날 한 소년이 허름한 시계 하나를 들고 왔습니다. 시계를 본 노인은 원하던 시계는 아니었지만 소년의 재치에 감탄하여 시계를 사주었습니다.

소년이 가져온 시계는 어떻게 하루에 2번만 정확한 시각을 가리킬 수 있었을까요?

시계가 12시에 고정되어 있으므로 하루에 2번 있는 12시는 정확하게 가리키게 됩니다.

다음 시계는 1시간에 몇 분씩 빨라집니까? **5분**

 → 2시간 후 → 

2시간 동안 10분이 빨라져 있으므로 1시간 동안 5분이 빨라집니다.

1시간에 10분씩 느려지는 시계가 있습니다. 3시간이 지난 후의 시각을 오른쪽 시계에 나타내시오.

 → 3시간 후 → 

11시 50분 —3시간 후→ 2시 50분

1시간에 10분씩 느려지므로 오른쪽의 시계는 2시 20분을 가리킵니다.

 **노크 포인트**

고장 난 시계의 시각을 알아볼 때는 일정 시간 동안 정상 시계와 고장난 시계를 비교하여 그 차를 구하면, 구하고자 하는 시각을 알 수 있습니다.

1시간에 4분씩 느려지는 고장 난 시계는 정상 시계가 60분을 가는 동안 56분을 갑니다. 두 시계를 모두 12시에 시각을 맞추었을 때, 나타내는 시각은 다음과 같습니다.

정상 시계	12시	1시	2시	3시
고장난 시계	12시	12시 56분	1시 52분	2시 48분

고장이 나서 계속 느려지거나 빨라지는 시계도 12시간이 느려지거나 빨라지면 정상 시계와 같은 시각을 가리키게 됩니다.

🤖 고장 난 시계의 시각

아인이는 오전 8시 30분에 3개의 시계를 정확하게 맞추었는데 오후에 집에 돌아와 보니 시계가 모두 다른 시각을 가리키고 있었습니다. 아인이는 손목 시계가 한 시간에 2분씩 느려지는 것은 알고 있습니다.

가  나  다 

❶ 정확한 시계가 1시간이 지날 때 손목 시계는 58분이 지납니다. 표의 빈칸을 모두 채우고, 정확한 시계를 찾으시오. **가**

정확한 시계	8:30	9:30	10:30	12:30	3:30	4:00
손목 시계	8:30	9:28	10:26	12:22	3:16	3:45

4시를 가리키는 시계는 가입니다.

❷ 같은 날 오후 손목 시계가 6시 10분을 가리킬 때 벽시계 다가 가리키는 시각을 구하시오.

　❶ 벽시계는 한 시간에 몇 분씩 빨라지는 시계입니까? **4분**
　정확한 시계가 4시를 가리킬 때 벽시계는 4시 30분을 가리키므로 7시간 30분 동안 30분이 빨라집니다. 따라서 한 시간에 4분씩 빨라집니다.

　❷ 손목 시계가 58분이 지날 때 벽시계는 몇 분이 지납니까? **64분**
　손목 시계는 1시간에 2분씩 느려지고, 벽시계는 4분이 빨라지므로 손목 시계가 58분이 지날 때 벽시계는 64분이 지납니다.

　❸ 벽시계는 몇 시 몇 분을 가리킵니까? **7시 10분**
　오후 6시 10분은 오전 8시 30분에서 58분씩 몇 번 지난 시각인지 알아봐.
　손목 시계는 오전 8시 30분부터 58분씩 10번을 지난 시각을 가리킵니다. 벽시계는 손목 시계보다 6분씩 빨라지므로 6시 10분+1시간=7시 10분입니다.

[학교에 가야 하는 시각]

1 초이는 1시간에 4분씩 느려지는 시계를 가지고 있습니다. 어젯밤 9시에 시계를 정확하게 맞춰 놓았습니다. 다음날 아침 8시에 집에서 나와 학교를 가야 한다면 초이는 시계가 몇 시 몇 분을 가리킬 때 집에서 나와야 합니까? **7시 16분**

11시간 동안 44분이 느려지므로 8시−44분=7시 16분에 집에서 나와야 합니다.

[빨라지는 시계]

2 태경이네 집 시계가 고장이 나서 1시간에 몇 분씩 일정하게 빨라집니다. 어느 날 오후 3시에 시계를 맞춰놓고 같은 날 오후 9시에 고장 난 시계를 보니 11시를 가리키고 있었습니다. 고장 난 시계는 1시간에 몇 분씩 빨라집니까? **20분**

6시간 동안 2시간(120분) 더 빨라졌으므로 고장 난 시계는 1시간에 20분씩 빨라집니다.

🛡️ 10시간 시계

프랑스에서 처음 만들어진 10시간 시계는 하루가 10시간, 1시간은 100분이고, 두 바늘이 모두 10을 가리킬 때가 자정입니다. 그림의 시계가 가리키는 시각을 현재 시계의 시각으로 나타내어 보시오.

❶ 10시간 시계에서 5시는 현재의 시계로 몇 시입니까? **12시**

❷ 10시간 시계에서 1시간은 현재 시계의 몇 분과 같습니까? **144분**
24시간(1440분)의 $\frac{1}{10}$ 이므로 144분과 같습니다.

❸ 10시간 시계에서 50분은 현재 시계의 몇 분과 같습니까? **72분**
10시간 시계에서 1시간(100분)은 현재 시계의 144분과 같으므로 10시간 시계에서 50분은 현재 시계의 72분과 같습니다.

❹ 위 그림의 시계는 3시 50분을 가리키고 있습니다. 현재 시각으로 몇 시 몇 분입니까? **오전 8시 24분**
2시간 24분+2시간 24분+2시간 24분+1시간 12분=8시간 24분
자정부터 8시간 24분 후는 오전 8시 24분입니다.

---

1 아인이는 하루를 10시간, 1시간을 100분으로 정한 시계를 만들고 긴바늘과 짧은바늘이 모두 10을 가리킬 때를 자정이라고 하였습니다. 다음 시계가 나타내는 시각을 구하시오.

❶ 아인이가 만든 시계에서 자정이 되려면 몇 분이 남았는지 현재 시계의 시간으로 구하시오. **72분**
그림의 시각에서 50분이 지나면 자정이 됩니다.
❷ 현재의 시계로 아인이가 만든 시계의 시각은 오후 몇 시 몇 분인지 구하시오. **오후 10시 48분**
자정부터 72분 전이므로 현재의 시계로는 오후 10시 48분입니다.

[영화를 본 시간]

2 지오가 영화를 보기 시작한 시각과 영화가 끝난 시각을 6시간 시계로 나타낸 것입니다. 영화를 관람한 시간은 현재 시간으로 몇 시간 몇 분인지 구하시오. 단, 6시간 시계는 하루를 12시간, 1시간을 30분으로 정하고, 시침은 하루에 2바퀴를 돕니다. **1시간 40분**

영화를 보기 시작한 시각　　영화가 끝난 시각

6시간 시계로 영화 시작 시각은 3시, 영화가 끝난 시각은 3시 25분이므로 관람한 시간은 25분입니다. 6시간 시계의 30분은 현재 시계의 120분이므로 25분은 현재 시계의 100분과 같습니다.

🛡️ 거울에 비친 시계

초이는 친구와 만나고, 헤어지면서 거울에 비친 시계를 보니 다음과 같았습니다. 친구와 함께 보낸 시간을 구해 봅시다.

친구와 만날 때 본 시계

친구와 헤어질 때 본 시계

❶ 위 두 시계의 큰 눈금에 알맞은 숫자를 모두 적어 보시오.

❷ 친구와 만났을 때와 헤어질 때의 시각을 각각 구하시오.

친구와 만났을 때: **3** 시 **45** 분
친구와 헤어질 때: **5** 시 **10** 분

❸ 친구와 함께 보낸 시간을 구하시오.

1 시간 **25** 분

5시 10분-3시 45분=1시간 25분

[거울에 비친 시계]

1 다음은 거울에 비친 시계입니다. 7시 정각이 되려면 몇 분 몇 초가 더 지나야 하는지 구하시오. **44분 15초**

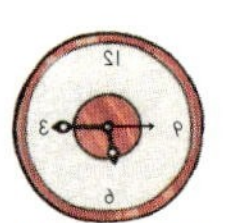

6시 15분 45초
7시-6시 15분 45초=44분 15초

[청소가 끝난 시각]

2 태경이는 1시간 15분 동안 청소를 하였습니다. 청소를 시작할 때 안방에 있는 디지털 시계의 시각이 거울에 비쳐 다음과 같았습니다. 청소가 끝난 후 거울을 보았더니 거실의 벽시계가 보였습니다. 거울에 비친 벽시계의 모습을 그려 보시오.

청소 시작 시각　　청소 끝난 시각

거울에 비친 디지털 시계의 시각은 3시 25분입니다. 청소가 끝난 시각은 4시 40분입니다.

정답 및 해설　**19**

🦔 생활 속 시간의 단위

1분은 어느 정도의 시간일까요? 1분의 길이를 직접 확인해 보고, 생활 속에서 어떤 일을 할 때 걸리는 시간을 어림해 봅시다.

❶ 초 단위로 시간을 잴 수 있는 시계를 준비합니다. 시계의 시각을 확인한 뒤 눈을 감고 마음 속으로 시간을 세어 1분이 되었다고 생각했을 때 눈을 뜨고 시간을 확인해 보시오. 몇 초가 지났습니까?

직접 1분을 세어 보세요.

❷ 다음은 생활 속에서 어떤 일을 할 때 걸리는 시간입니다. ☐ 안에 초, 분, 시간 중 알맞은 단위를 써넣으시오.

밥 먹는 시간

30 분

잠 자는 시간

8 시간

숨을 참을 수 있는 시간

28 초

샤워 하는 시간

10 분 30 초

100m를 달리는 시간

18 초

하루 동안 학교에 머문 시간
5 시간 40 분

[할아버지 댁에서 한 일]

1 다음은 초이가 할아버지 댁에 있는 동안 한 일과 걸린 시간을 나타낸 것입니다. 알맞게 이어보시오.

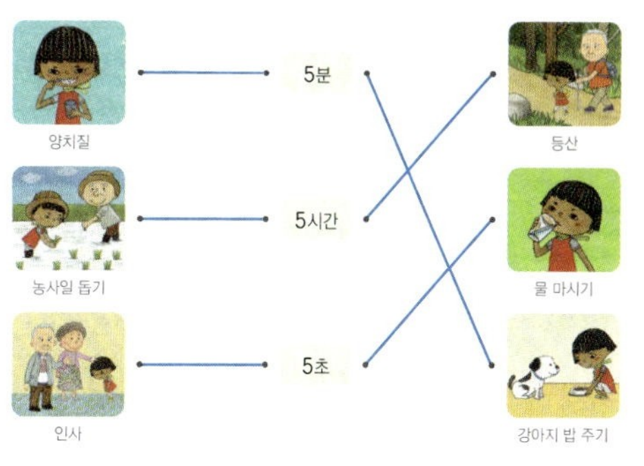

[잘못 말한 사람]

2 시간의 단위를 잘못 사용한 사람을 찾고, 잘못된 표현을 바르게 고치시오.

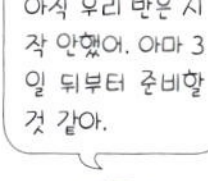

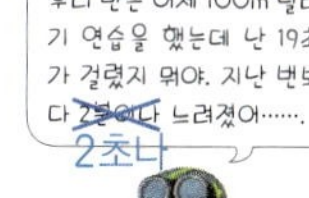

---

⑪ 이상한 시계

이탈리아의 산마르코 광장의 시계탑에는 이상한 시계가 있습니다. 이 시계는 하늘에 있는 12개의 별자리를 황금으로 장식하고 있는데 신기하게도 바늘이 하나밖에 없고, 큰 눈금의 수가 1부터 24까지 로마 숫자로 적혀 있습니다.

산마르코 광장의 시계의 바늘은 하루에 몇 바퀴를 돌까요? 1 바퀴

위 그림의 시계가 나타내는 시각을 긴바늘과 짧은바늘을 사용하여 나타내시오.

---

❷ 다음 시계는 시곗바늘이 하나이고 큰 눈금에 1에서 24까지 적혀 있습니다. 이 시계가 나타내는 시각을 ☐ 안에 써넣으시오.

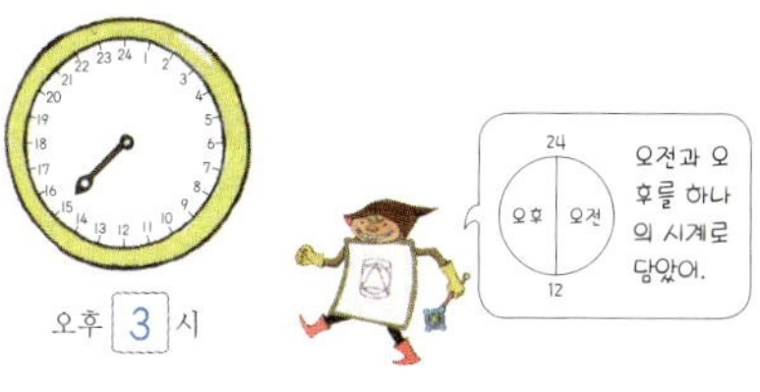

오후 3 시

🧙 노크 포인트

우리가 사용하는 시계는 12시간 시계입니다. 12시간 시계는 짧은바늘이 하루에 2바퀴를 도는데, 짧은바늘의 한 바퀴는 12시간, 긴바늘의 한 바퀴는 60분입니다.

10시간 시계는 1부터 10까지의 수가 적힌 시계로 한 바퀴가 10시간이고, 한 시간이 100분인 시계입니다. 현재의 시계는 하루가 24시간이고, 10시간 시계는 하루가 10시간입니다. 두 시계의 시간을 비교하면 다음과 같습니다.

10시간 시계	10시간	5시간	1시간	50분
현재 시계 (12시간 시계)	24시간	12시간 (720분)	2시간 24분 (144분)	1시간 12분 (72분)

---

18 C2 측정

Chapter 4

시간

10 시, 분, 초

TV에서 사극을 보면 흔히 다음과 같은 이야기를 나누는 모습을 볼 수 있습니다.

현재처럼 시, 분, 초의 단위로 시간을 표현하기 전에도 시간을 나타내는 여러 가지 말이 있었습니다. '시각'이라는 말도 옛날에는 시간을 나타내는 말인데 1각이 약 15분 정도를 뜻합니다. 시간을 나타내는 말은 현재도 많이 쓰입니다.

- 촌　각: 1각을 10으로 나눈 만큼의 시간
- 삽시간: 빗방울이 하늘에서 땅으로 떨어지는데 걸리는 시간
- 순식간: 눈을 깜빡이고, 숨을 한 번 쉬는데 걸리는 짧은 시간
- 별안간: 눈길을 한 번 돌릴 사이의 짧은 시간
- 찰　나: 1초를 75로 나눈 만큼의 극히 짧은 시간

1각은 약 15분이라고 합니다. 촌각은 약 몇 초를 뜻할까요?　90초

1각이 약 15분(900초)이므로 촌각은 90초입니다.

시계의 초바늘이 다음 숫자를 가리킬 때 나타내는 시각을 빈칸에 써넣으시오.

숫자	1	2	3	4	5	6	7	8	9	10	11	12
초	5	10	15	20	25	30	35	40	45	50	55	60

□ 안에 알맞은 수를 써넣으시오

- 1분 = 60 초
- 81초 = 1 분 21 초
- 1분 25초 = 85 초
- 136초 = 2 분 16 초

노코 포인트

시계에는 초바늘, 분바늘, 시바늘이 있습니다.

초바늘은 얇고 긴 바늘로 작은 눈금 한 칸을 지나는데 걸리는 시간을 1초라고 합니다.
초바늘이 시계 한 바퀴를 돌면 분바늘이 작은 눈금 한 칸을 움직이는데 이 시간을 1분이라고 합니다.

1분=60초

분바늘이 시계 한 바퀴를 돌면 시바늘은 수가 적힌 큰 눈금을 한 칸 움직이는데 이 시간을 1시간이라고 합니다.

1시간=60분

1분이 60초, 1시간이 60분인 것을 이용하여 시간을 더하거나 뺄 수 있습니다.

```
  3시간 24분 24초        3시간 24분 24초
+ 1시간 38분 58초      - 1시간 38분 58초
  4시간 62분 82초        1시간 45분 26초
➡ 5시간 3분 22초
```

🔔 시간 구하기

마라톤 대회는 오전 8시 출발 예정이었지만 지연되어서 8시 13분 52초에 출발하였습니다. 다음 마라톤 대회의 결과를 보고 시간의 합과 차를 계산해 봅시다.

부문	이름	기록	결승선 통과 시각
국제 부문 1위	페이사 볼켈레	2시간 07분 43초	10시 21분 35초
국내 여자 1위	김슬기	2시간 37분 47초	10시 51분 39초
마지막 완주자	정호준	4시간 18분 32초	12시 32분 24초

❶ 페이사 볼켈레 선수의 결승선 통과 시각을 계산하시오.

```
    8 시  13 분  52 초
+   2 시간  7 분  43 초
    10 시  21 분  35 초
```

❷ 김슬기 선수의 결승선 통과 시각과 정호준 선수의 기록을 계산하여 표를 완성하시오.

〈김슬기 선수〉
```
    8 시  13 분  52 초
+ 2시간 37분  47 초
   10 시  51 분  39 초
```

〈정호준 선수〉
```
  12 시  32 분  24 초
-  8 시  13 분  52 초
  4시간  18 분  32 초
```

[줄넘기 하는 시간]

1 초아가 줄넘기 100번을 하였습니다. 다음은 줄넘기를 시작한 시각과 끝난 시각을 나타낸 것입니다. 줄넘기를 하는 데 걸린 시간을 구하시오.　2분 32초

걸린 시간:
9시 22분 42초　　9시 25분 14초

```
   9시 25분 14초
- 9시 22분 42초
      2분 32초
```

[바이킹 타는 시간]

2 지오가 놀이동산에 갔습니다. 바이킹을 타는 데 3분 35초가 걸리고, 기다리는 데 29분 20초가 걸렸습니다. 바이킹을 타고 내려온 시각이 4시 14분 20초라면 바이킹을 타려고 기다리기 시작한 시각은 몇 시 몇 분 몇 초입니까?　3시 41분 25초

```
    3분 35초          4시 14분 20초
+ 29분 20초        -      32분 55초
   32분 55초          3시 41분 25초
```


정답 및 해설　**17**

잘린 종이의 둘레

가로 20cm, 세로 15cm 크기의 종이를 가로로 2번, 세로로 1번 잘랐습니다. 잘린 조각의 둘레의 합을 구해 보시오.

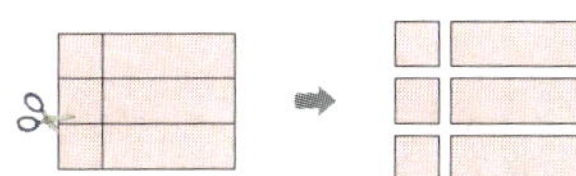

❶ 종이를 가로로 1번 잘랐습니다. 둘레의 합은 자르기 전보다 얼마나 늘어납니까? **40cm**

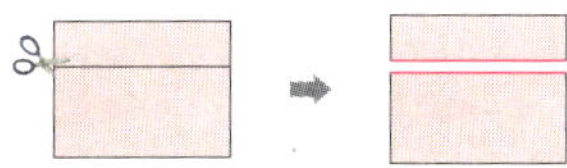

자른 후 둘레의 합은 자르기 전 보다 빨간색 선의 길이만큼 늘어납니다.

❷ 잘린 조각을 가로로 자르면서 생긴 둘레는 빨간색, 세로로 자르면서 생긴 둘레는 파란색으로 표시하였습니다. 둘레의 합은 자르기 전보다 얼마나 늘어납니까? **110cm**

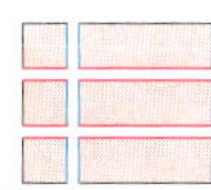

자른 후 둘레의 합은 자르기 전보다 빨간색 선과 파란색 선만큼 늘어납니다.
20+20+20+20+15+15=110(cm)

❸ 잘린 조각의 둘레의 합을 구하시오. **180cm**

(20+15)×2+110=180(cm)

[3번 자른 직사각형]

1 다음 직사각형을 잘라 크기가 다른 직사각형 6개로 나누었습니다. 둘레의 합은 처음 직사각형의 둘레보다 몇 cm가 늘어났습니까? **34cm**

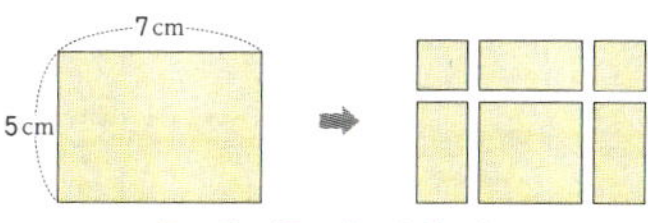

(7×2)+(5×4)=34(cm)

[자르기 전의 세로]

2 가로가 15cm인 종이를 다음과 같이 잘라 9개의 직사각형으로 나누었습니다. 자른 후 종이의 둘레의 합이 150cm일 때, 자르기 전 종이의 세로를 구하시오. **10cm**

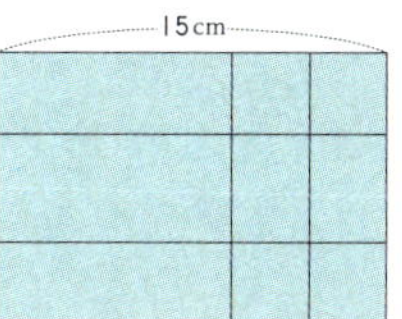

자른 후 종이의 둘레의 합은 처음 종이의 가로와 세로가 각각 몇 개씩 더 해지는 거지?

세로를 □cm라고 하면 자른 후의 둘레의 합은
15×6+□×6=150, □=10입니다.

창의적 문제해결력

1 한 변의 길이가 9cm인 정사각형 종이의 한쪽이 물에 젖어 일부분을 찢었습니다. 찢고 남은 종이의 둘레가 종이를 찢기 전보다 6cm가 늘어났을 때, 찢어낸 부분의 둘레는 몇 cm인지 구하시오. **32cm**

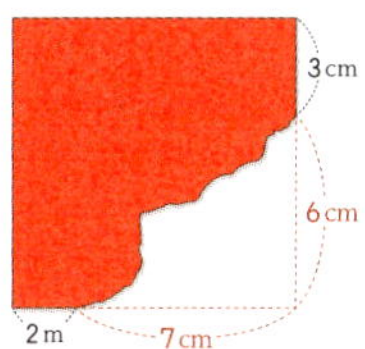

남은 종이의 둘레 : 9×4+6=42(cm)
찢어진 부분의 길이: 9×2+3+2=23(cm), 42-23=19(cm)
찢어낸 종이의 둘레: 7+6+19=32(cm)

2 한 변의 길이가 8cm인 같은 크기의 색종이 3장을 다음과 같이 겹쳐 놓았습니다. 겹쳐 놓은 모양의 둘레를 구하시오. **64cm**

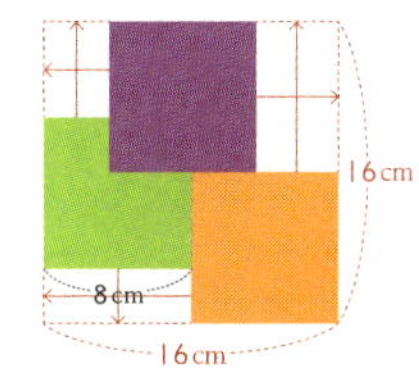

모양의 둘레: (16+16)×2=64(cm)

♥ 동영상 특강
QR 코드를 찍어 보세요!

3 정사각형의 크기가 계속 줄어드는 모양입니다. 색칠한 부분의 둘레가 62cm일 때, 정사각형들을 모아 놓은 도형의 둘레를 구하시오. **92cm**

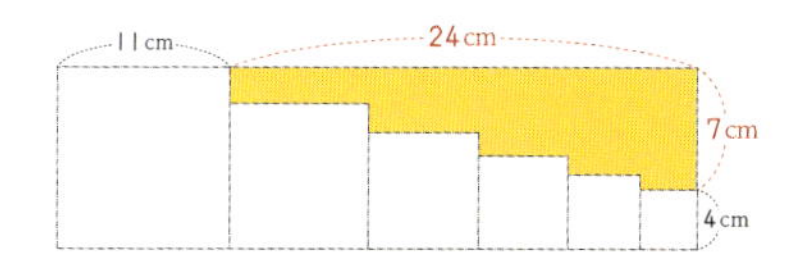

정사각형들을 모아 놓은 도형의 둘레는 가장 큰 직사각형의 둘레와 같습니다.
직사각형의 둘레: (35+11)×2=92(cm)

4 정사각형을 모아 놓은 도형에서 가장 작은 정사각형의 둘레가 16cm일 때, 전체 모양의 둘레를 구하시오. **118cm**

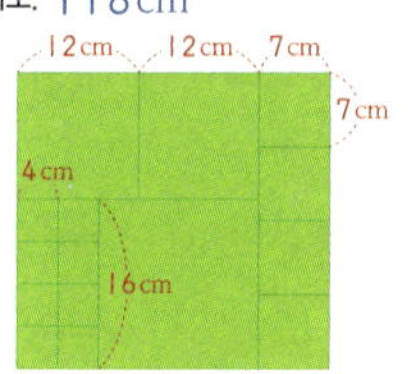

전체 모양의 둘레: (31+28)×2=118(cm)

9 붙여서 만든 모양의 둘레

태경이네 학교에서는 우유를 4개씩 묶어 각 반에 보내기로 하였습니다. 4개의 우유를 테이프로 붙여서 포장하는 일을 맡은 태경이와 아인이는 필요한 테이프의 길이를 계산하고 있었습니다.

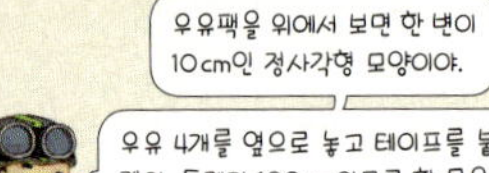

10cm

옆에 있던 아인이는 테이프를 절약하도록 우유 4개를 정사각형 모양으로 붙이라고 하였습니다.

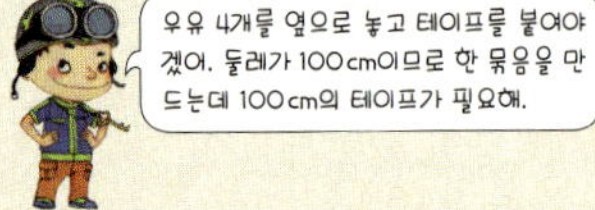

우유 4개를 정사각형 모양으로 붙이면 옆으로 나란히 붙이는 것보다 테이프가 얼마나 절약됩니까? 20 cm

$$100-80=20(\text{cm})$$

❶ 한 변의 길이가 1인 정사각형 3개를 붙인 모양입니다. 각 번호의 위치에 정사각형 하나를 더 붙일 때의 둘레를 구하시오.

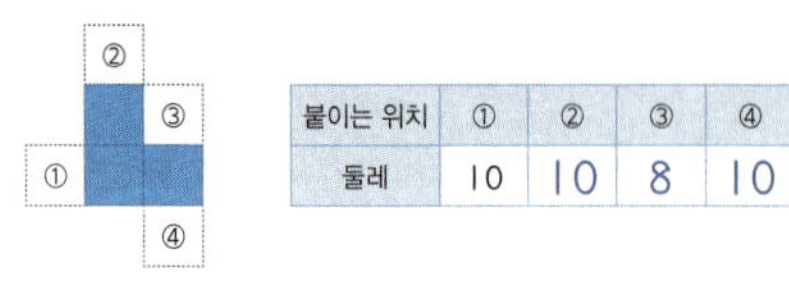

붙이는 위치	①	②	③	④
둘레	10	10	8	10

❷ 정사각형 6개로 다음과 같은 모양을 만들었습니다. 둘레가 가장 짧은 것에 ◯표 하시오.

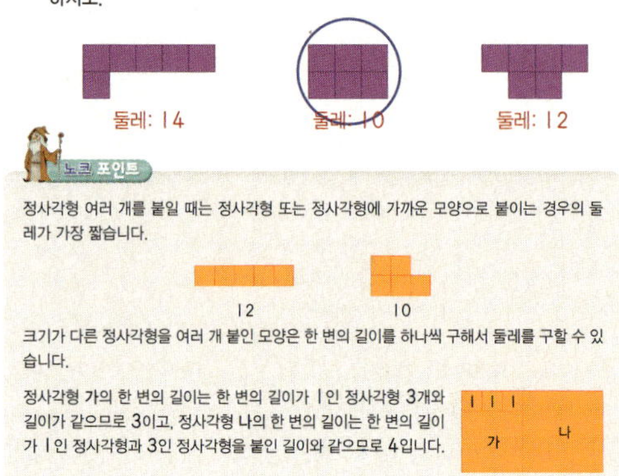

노크 포인트

정사각형 여러 개를 붙일 때는 정사각형 또는 정사각형에 가까운 모양으로 붙이는 경우의 둘레가 가장 짧습니다.

12   10

크기가 다른 정사각형을 여러 개 붙인 모양은 한 변의 길이를 하나씩 구해서 둘레를 구할 수 있습니다.

정사각형 가의 한 변의 길이는 한 변의 길이가 1인 정사각형 3개와 길이가 같으므로 3이고, 정사각형 나의 한 변의 길이는 한 변의 길이가 1인 정사각형과 3인 정사각형을 붙인 길이와 같으므로 4입니다.

가   나

피보나치 사각형

정사각형은 네 변의 길이가 같기 때문에 일정한 규칙으로 정사각형을 붙이면 정사각형의 크기가 규칙적으로 커집니다. 재미있는 규칙이 있는 피보나치 사각형에 대해 알아보고 둘레를 구해 봅시다.

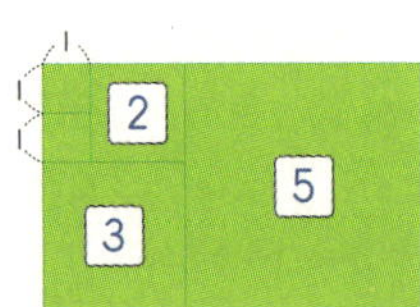

❶ 가장 작은 정사각형의 한 변의 길이는 1입니다. 각 정사각형의 한 변의 길이를 □ 안에 써넣으시오.

❷ 정사각형의 한 변의 길이가 커지는 규칙을 설명해 보시오.
두 정사각형의 한 변의 길이의 합이 다음으로 큰 정사각형의 한 변의 길이가 됩니다.

❸ 모양의 둘레는 얼마입니까? 26

$$(5+8)\times2=26$$

위와 같은 규칙으로 정사각형을 4개, 5개, 6개, 7개, 8개 붙일 때 한 변의 길이를 차례로 쓰시오.

1 — 1 — 2 — 3 — 5 — 8 — 13 — 21

[정사각형의 둘레]

1 정사각형을 붙여서 만든 도형 2개가 있습니다. 색칠된 부분의 둘레를 각각 구하시오.

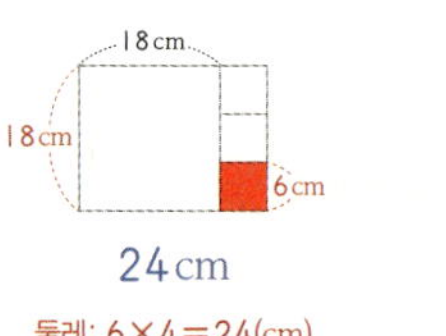

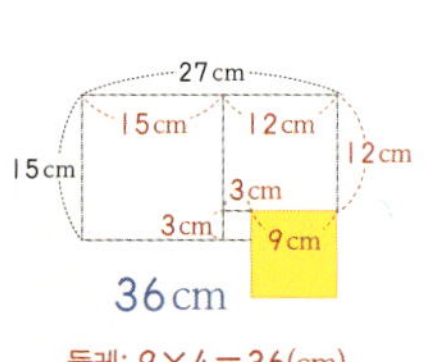

24 cm   36 cm

둘레: $6\times4=24(\text{cm})$ 둘레: $9\times4=36(\text{cm})$

[커지는 정삼각형]

2 정삼각형만으로 만든 도형이 있습니다. 가장 작은 정삼각형의 둘레가 12cm일 때, 전체의 둘레를 구하시오. 84 cm

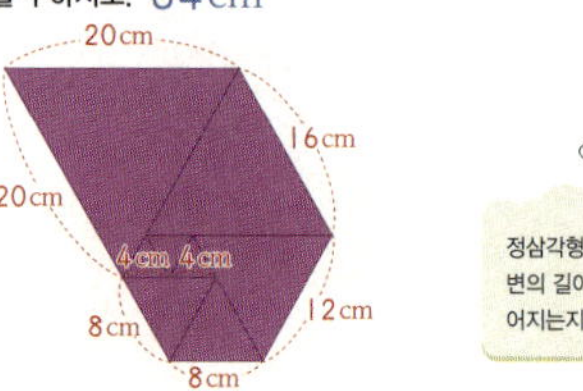

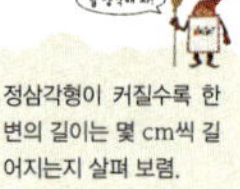

둘레: $20+20+8+8+12+16=84(\text{cm})$

둘레의 차

아인이는 다음 그림과 같이 소의 우리와 양의 우리를 만들려고 합니다. 두 우리의 둘레의 차를 구하시오.

❶ 다음을 보고 소와 양 우리의 둘레를 각각 구하시오.

소 우리: 44m, 양 우리: 64m

10+12=22(m)
22×2=44(m)

10+9+2+11=32(m)
32×2=64(m)

❷ 두 우리의 둘레의 차는 몇 m입니까? 20m

64−44=20(m)

[도형의 둘레]

1 도형의 둘레를 각각 구하시오.

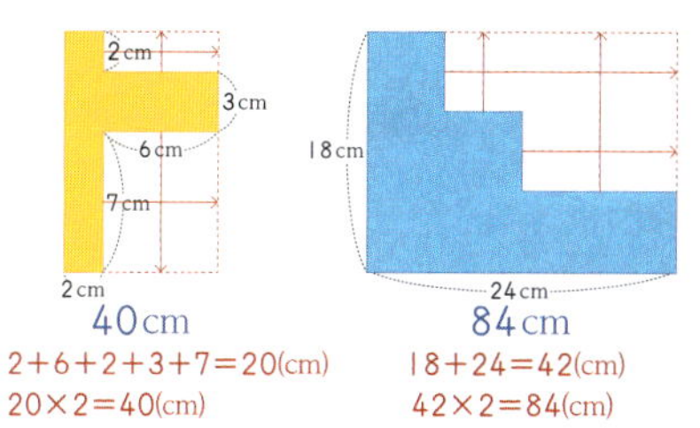

40cm

2+6+2+3+7=20(cm)
20×2=40(cm)

84cm

18+24=42(cm)
42×2=84(cm)

[색칠한 길의 둘레]

2 가로와 세로가 각각 80m인 정사각형 모양의 땅에 다음과 같이 길을 만들었습니다. 길의 둘레를 구하시오. 단, 길은 가로와 세로로 모두 곧게 뻗어 있습니다.

320m

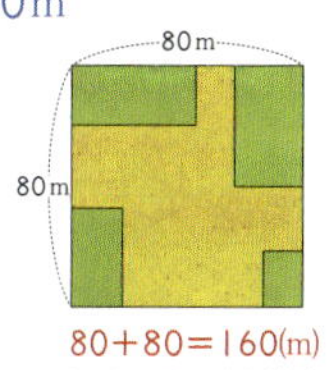

직사각형으로 바꾸어 생각해 보렴.

80+80=160(m)
160×2=320(m)

잘라내고 남은 모양의 둘레

직사각형 모양의 종이를 가위로 잘라내고 남은 모양의 둘레를 구해 봅시다.

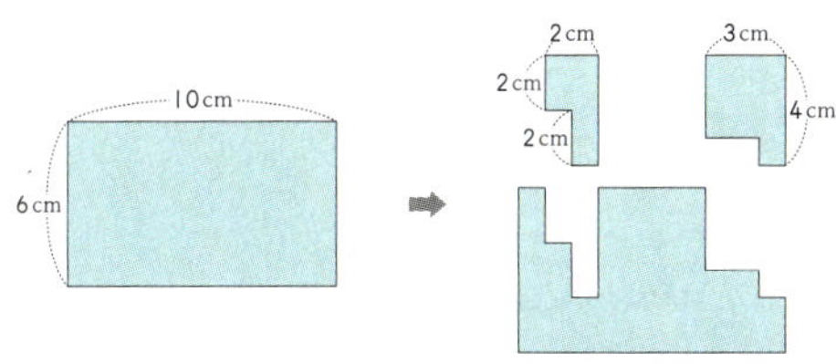

❶ 자르기 전 직사각형의 둘레는 몇 cm입니까? 32cm

10+6=16(cm)
16×2=32(cm)

❷ 남은 모양의 변을 옮겨서 처음 직사각형 모양을 만들었습니다. 옮겨지지 않고 남은 변에 모두 ◯표 하시오.

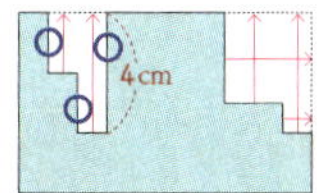

❸ ❷에서 ◯표한 변의 길이의 합을 구하시오. 8cm

❹ 잘라내고 남은 모양의 둘레는 몇 cm입니까? 40cm

32+8=40(cm)

[자음의 둘레]

1 가로 6cm, 세로 7cm인 직사각형에서 일부를 잘라내어 한글의 자음을 만들었습니다. 글씨를 나타내는 선의 굵기가 모두 2cm일 때, 자음의 둘레를 각각 구하시오.

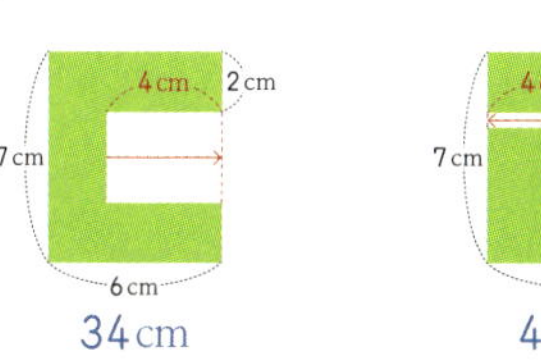

34cm

둘레: (6+7)×2+8=34(cm)

42cm

둘레: (6+7)×2+16=42(cm)

[둘레가 주어진 모양]

2 다음 모양의 둘레를 보고 ㉠에 알맞은 수를 구하시오. 3

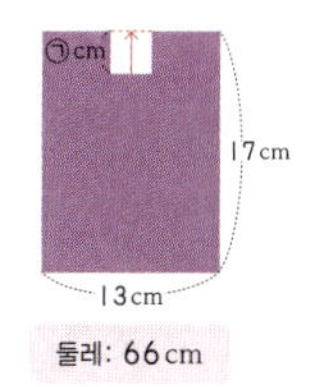

둘레: 66cm

변을 옮겨서 직사각형으로 만들고 남은 길이를 찾아 보렴.

둘레: (13+17)×2+㉠+㉠=66
60+㉠+㉠=66 ➡ ㉠=3

---

14 C2 측정

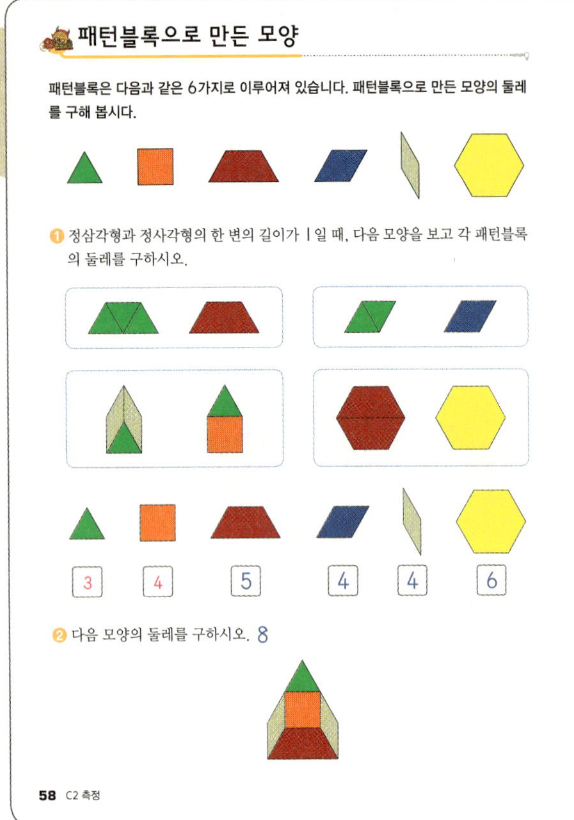

패턴블록으로 만든 모양

패턴블록은 다음과 같은 6가지로 이루어져 있습니다. 패턴블록으로 만든 모양의 둘레를 구해 봅시다.

❶ 정삼각형과 정사각형의 한 변의 길이가 1일 때, 다음 모양을 보고 각 패턴블록의 둘레를 구하시오.

| 3 | 4 | 5 | 4 | 4 | 6 |

❷ 다음 모양의 둘레를 구하시오. 8

[패턴블록으로 만든 모양]

1 정삼각형과 정사각형의 한 변의 길이가 1인 패턴블록으로 만든 모양입니다. 둘레가 다른 하나에 ◯표 하시오.

둘레: 11   둘레: 11   둘레: 10

[복잡한 모양의 둘레]

2 다음은 패턴블록으로 만든 모양입니다. 정삼각형과 정사각형의 한 변의 길이가 1일 때, 모양의 둘레를 구하여 ☐ 안에 써넣으시오.

16   14

---

8 꺾인 도형과 움푹 들어간 도형

다음 펜토미노 11조각은 3가지 직사각형을 잘라서 만들 수 있는 모양입니다. 작은 정사각형의 한 변의 길이를 1이라고 할 때, 직사각형을 잘라서 만든 펜토미노의 둘레를 구해 봅시다.

둘레: 10   12   10

둘레: 12   12   12   12

둘레: 12   12   12   12   12   12   12

🔵 왼쪽 펜토미노 조각 중 둘레가 가장 짧은 모양을 그려 보시오.

🔵 다음은 주어진 직사각형을 잘라서 만든 모양입니다. 직사각형보다 둘레가 더 긴 모양에 ◯표 하시오.

둘레: 12   둘레: 12   둘레: 14   둘레: 12

목표 포인트

직각으로 꺾인 모양의 둘레는 직사각형으로 바꾸어 간단하게 구할 수 있습니다.

➡ 왼쪽 모양의 둘레 = 직사각형의 둘레

움푹 들어간 부분이 있는 모양의 둘레는 직사각형으로 바꾸고 들어간 길이를 더해야 합니다.

➡ 왼쪽 모양의 둘레 = 직사각형의 둘레 + 4

7 둘레 구하기

태경이는 둘레를 구하는 숙제를 하기 위해서 도형의 변의 길이를 자로 재어 적어 놓았는데 장난 요괴가 변의 길이를 하나씩만 남겨놓고 모두 지워버렸습니다.

태경이의 이야기를 듣고 세 모양의 둘레를 각각 구하시오.

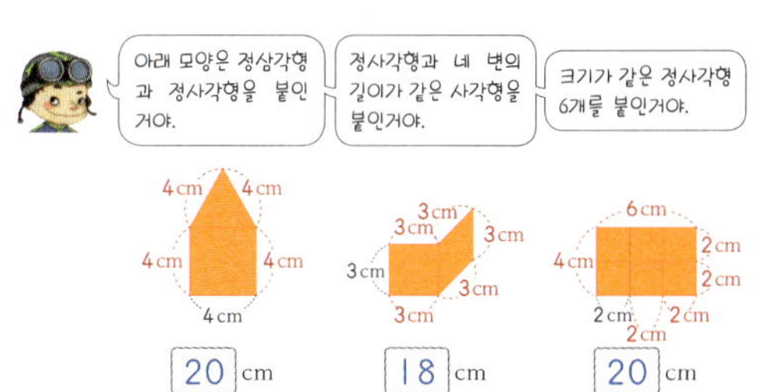

변의 길이가 모두 같은 도형입니다. ☐ 안에 둘레를 써넣으시오.

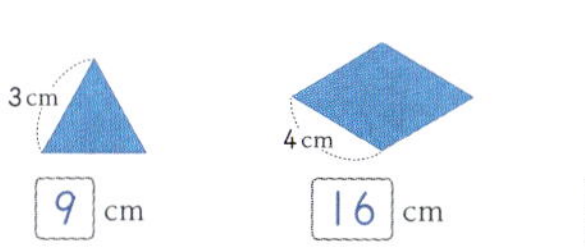

모든 변의 길이가 2cm인 삼각형과 사각형을 이어 붙였습니다. 가와 나 중 둘레가 더 긴 것의 기호를 쓰시오. 가

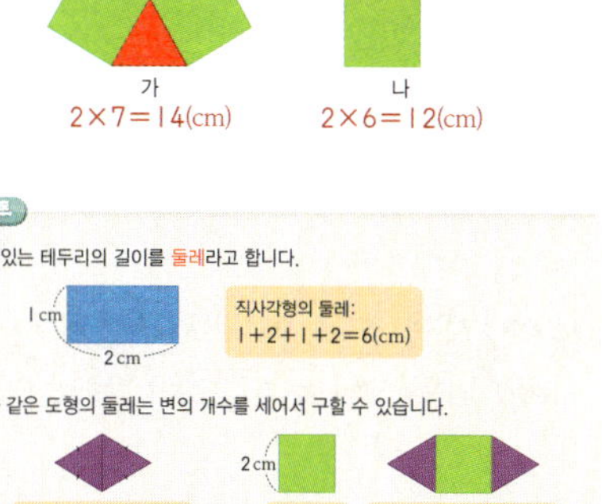

토토 포인트

도형을 둘러싸고 있는 테두리의 길이를 둘레라고 합니다.

모든 변의 길이가 같은 도형의 둘레는 변의 개수를 세어서 구할 수 있습니다.

🔺 정삼각형과 정사각형

한 변의 길이가 같은 정삼각형과 정사각형을 붙여 만든 모양의 둘레를 구해 봅시다.

❶ 변의 길이가 1cm인 정삼각형과 정사각형을 붙여서 만든 모양의 둘레를 구해 봅시다.

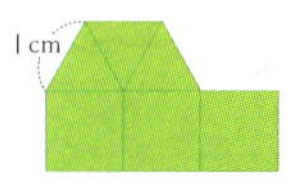

❶ 이 모양의 둘레에 길이가 1cm인 변이 모두 몇 개 있습니까? 9개

❷ 모양의 둘레는 몇 cm입니까? 9cm

❷ 변의 길이가 1cm인 정삼각형과 정사각형을 붙여서 만든 모양의 둘레를 구해 봅시다.

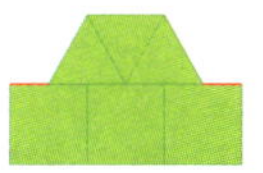

❶ 빨간색 선의 길이의 합은 몇 cm입니까? 1cm

❷ 모양의 둘레는 몇 cm입니까? 9cm
1×9=9(cm)

[도형의 둘레]

1 다음은 정삼각형과 정사각형을 붙여서 만든 모양입니다. 둘레를 구하시오.

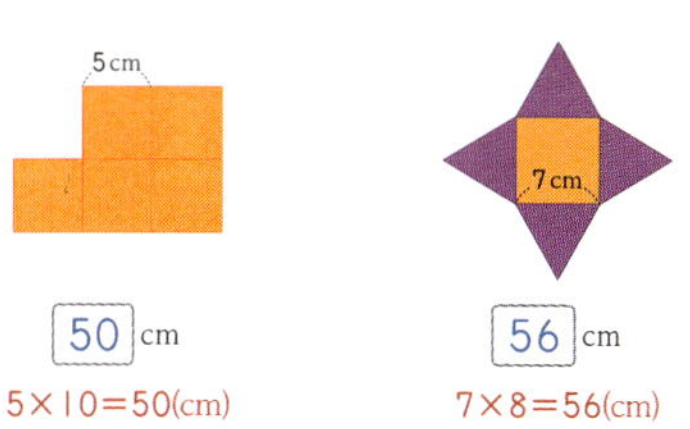

[둘레 비교하기]

2 변의 길이가 같은 정삼각형과 정사각형을 사용하여 만든 모양입니다. 둘레가 긴 순서대로 기호를 쓰시오. ㉠ - ㉢ - ㉡

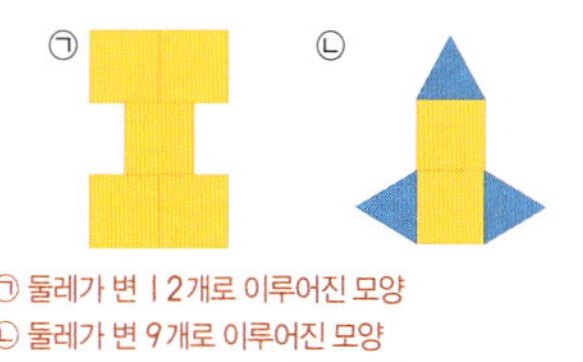

㉠ 둘레가 변 12개로 이루어진 모양
㉡ 둘레가 변 9개로 이루어진 모양
㉢ 둘레가 변 10개로 이루어진 모양

12 C2 측정

잴 수 있는 무게

양팔 저울과 무게가 2g, 5g인 추가 2개씩 있습니다. 이 추를 사용하여 잴 수 있는 무게는 모두 몇 가지인지 구하시오.

❶ 추를 한쪽에만 올릴 경우 잴 수 있는 무게를 모두 쓰시오.

• 추를 1개 올릴 때: [2]g, [5]g

• 추를 2개 올릴 때: [4]g, [7]g, [10]g

• 추를 3개 올릴 때: [9]g, [12]g

• 추를 4개 올릴 때: [14]g

❷ 추를 양쪽에 올릴 경우 잴 수 있는 새로운 무게를 모두 쓰시오.

• 양쪽에 1개씩 올릴 때: [3]g

• 한쪽에 1개, 다른 쪽에 2개 올릴 때: [1]g, [8]g

• 양 쪽에 각각 2개씩 올릴 때: [6]g

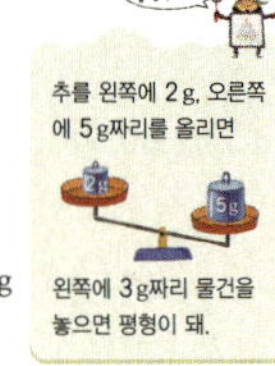

❸ 잴 수 있는 무게는 모두 몇 가지입니까? 12가지

1g, 2g, 3g, 4g, 5g, 6g, 7g, 8g, 9g, 10g, 12g, 14g

[주로 무게 재기]

1 무게가 1g, 4g, 5g인 추가 1개씩 있습니다. 다음 중 이 추와 양팔 저울을 사용하여 잴 수 없는 무게에 ×표 하시오.

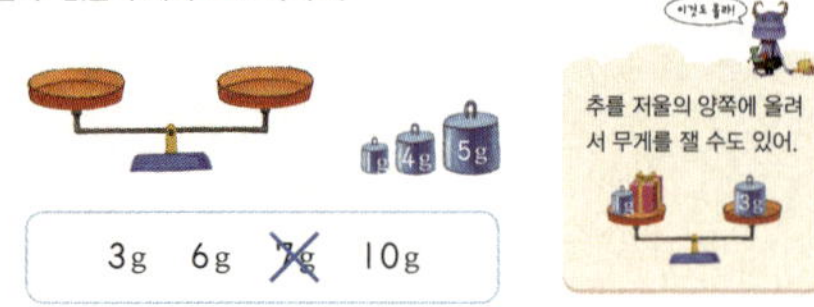

| 3g | 6g | 7g | 10g |

추를 한쪽에 올릴 경우 잴 수 있는 무게: 1g, 4g, 5g, 6g, 9g, 10g

추를 양쪽에 올릴 경우 잴 수 있는 무게: 2g, 3g, 8g

[잴 수 없는 무게]

2 무게가 2g, 3g, 6g인 추가 1개씩 있습니다. 1g부터 11g까지의 무게를 모두 재려고 합니다. 잴 수 없는 무게는 모두 몇 가지인지 구하시오. 1가지

잴 수 있는 무게: 3-2=1(g), 2g, 3g, 6-2=4(g),
2+3=5(g), 6g, 3+6-2=7(g),
2+6=8(g), 3+6=9(g),
2+3+6=11(g)

잴 수 없는 무게: 10g

창의적 문제해결력

1 양팔 저울에 다음과 같이 4가지 공을 올려놓았더니 모두 평형을 이루었습니다. 무거운 공부터 순서대로 기호를 쓰시오. ㉠-㉢-㉣-㉡

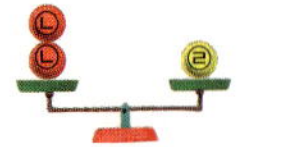  

㉣=㉡ 2개, ㉢=㉡ 2개 반, ㉠=㉡ 4개

2 양팔 저울에 색연필, 지우개, 딱풀을 올려놓았더니 다음과 같았습니다. 지우개의 무게를 구하시오.

지우개 1개의 무게: [25]g

의 무게: 50g, 2개의 무게: 25g, 3개의 무게: 75g

---

3 모빌의 ㉠, ㉡, ㉢의 위치에 모형들을 하나씩 골라 걸어서 모빌이 평형을 이루도록 하려고 합니다. 각각에 걸어야 할 모형의 기호를 써넣으시오. 단, 고리 사이의 간격은 모두 같습니다.

㉠×1+㉡×4=㉢×6
㉠=60g, ㉡=15g, ㉢=20g

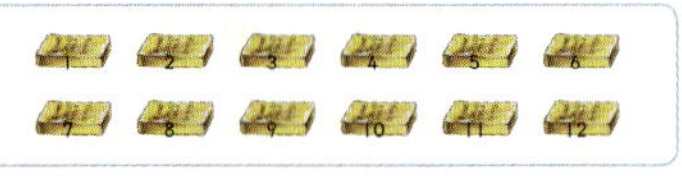

4 모양과 크기가 같은 12개의 금 중에 하나는 진짜 금보다 가벼운 가짜입니다. 양팔 저울을 사용한 것을 보고 가짜 금을 찾아 번호를 쓰시오. 2번

1, 2, 3, 4 중 가짜가 있습니다. → 1, 2 중 가짜가 있습니다. → 1과 3이 진짜 금이므로 2가 가짜입니다.

정답 및 해설 **11**

6 양팔 저울

옛날 어느 나라의 왕이 똑똑한 신하를 뽑기 위해서 나라 곳곳에 다음과 같은 글을 붙였습니다.

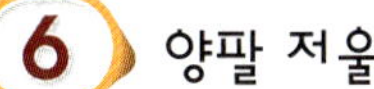

그 후 많은 사람들이 양팔 저울을 3번 사용하여 가짜 금화를 찾는 방법을 알아내었습니다. 그러던 어느 날 한 청년이 찾아와 2번 만에 가짜 금화를 찾을 수 있다고 하였습니다.

다음은 청년이 가짜 금화를 찾은 방법입니다. 가짜 금화는 몇 번입니까? 6번

4, 5, 6번 금화가 더 무거우므로 4, 5, 6 중에 가짜 금화가 있습니다. 4, 5번의 무게가 같으므로 가짜 금화는 6번입니다.

다음과 같이 양팔 저울을 2번 사용하여 9개의 금화 중 무거운 가짜 금화를 찾으려고 합니다. 가짜 금화의 번호를 쓰시오.

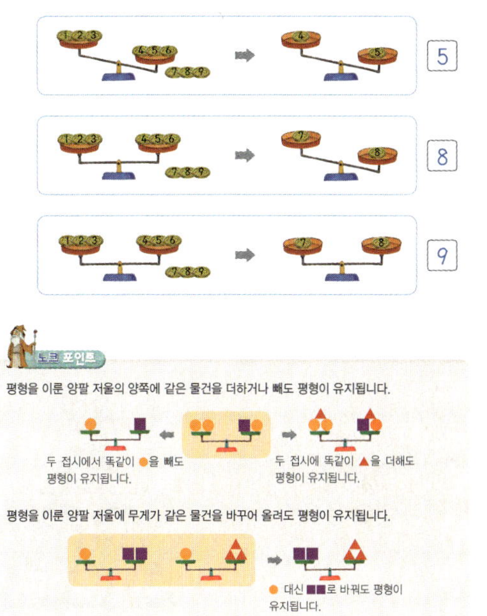

5

8

9

노크 포인트

평형을 이룬 양팔 저울의 양쪽에 같은 물건을 더하거나 빼도 평형이 유지됩니다.

두 접시에서 똑같이 ● 을 빼도 평형이 유지됩니다.

두 접시에 똑같이 ▲ 을 더해도 평형이 유지됩니다.

평형을 이룬 양팔 저울에 무게가 같은 물건을 바꾸어 올려도 평형이 유지됩니다.

● 대신 ■■ 로 바꿔도 평형이 유지됩니다.

더하고, 빼고, 바꾸기

마지막 양팔 저울이 평형을 이루도록 하기 위해 오른쪽 접시에 ▲를 몇 개 더 올려야 하는지 알아봅시다.

❶ 첫 번째 양팔 저울의 양쪽에서 똑같은 모양을 빼도 평형을 이룹니다. ☐ 안에 알맞은 수를 써넣으시오.

● 1 개 = ■ 2 개

저울의 양쪽 접시에서 똑같이 ▲를 빼도 평형을 이룹니다.

❷ ❶을 보고 두 번째 양팔 저울이 평형을 이루도록 ● 대신 ■를 몇 개 올립니다. ☐ 안에 알맞은 수를 써넣으시오.

▲ 2 개 = ■ 1 개

● 1개와 ■ 2개의 무게가 같으므로, ■ 2개와 ▲ 2개의 무게의 합은 ■ 3개의 무게와 같습니다. 양쪽에서 ■ 2개씩을 빼면 ▲ 2개와 ■ 1개의 무게가 같습니다.

❸ ● 1개는 ▲ 몇 개와 무게가 같습니까?

● 1개 = ▲ 4 개

● 1개는 ■ 2개의 무게와 같고 ■ 1개는 ▲ 2개의 무게와 같으므로, ● 1개는 ▲ 4개의 무게와 같습니다.

❹ 마지막 저울의 오른쪽 접시에 ▲ 몇 개를 더 올려야 합니까? 7개

● 2개는 ▲ 8개의 무게와 같습니다.

[과일의 무게]

1 평형을 이룬 양팔 저울을 보고 다음 양팔 저울이 평형을 이루도록 하기 위해 오른쪽에 올려 놓아야 하는 ● 의 개수를 구하시오. 8개

(배 1)=(감 2)+(사과 1)
(사과 3)=(감 2)+(배 1)=(감 4)+(사과 1) ➡ (사과 2)=(감 4) ➡ (사과 1)=(감 2)
(배 1)+(사과 2)=(감 2)+(사과1)+(감 4)=(감 8)

[같은 무게의 구슬]

2 ☐ 안에 양팔 저울이 평형을 이루게 하기 위해서 놓아야 하는 가와 나의 구슬의 개수를 써넣으시오.

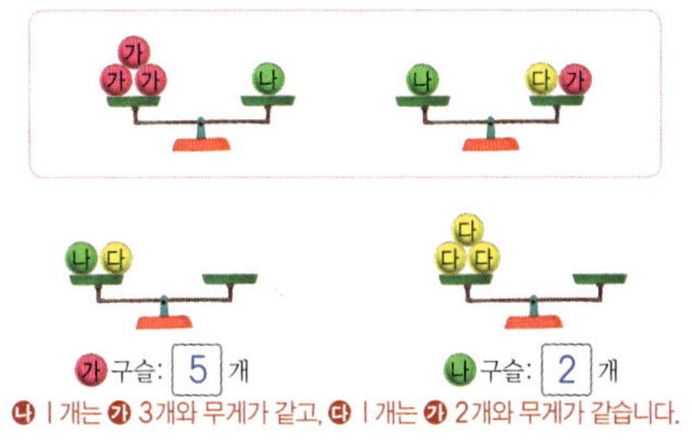

가 구슬: 5 개

나 구슬: 2 개

나 1개는 가 3개와 무게가 같고, 다 1개는 가 2개와 무게가 같습니다.

---

10 C2 측정

저울 피라미드

무게가 4 kg인 저울을 피라미드 모양으로 쌓았을 때 저울의 눈금이 어떻게 되는지 알아봅시다.

2개의 저울 위에 저울을 1개 올리면 아래에 있는 저울에 각각 위에 올린 무게의 반이 주어집니다.

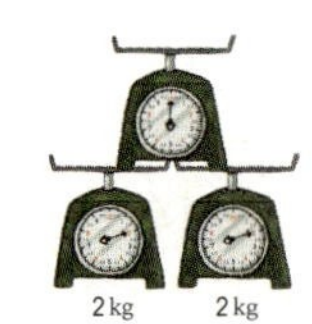

❶ 오른쪽 그림과 같이 저울을 피라미드 모양으로 쌓았을 때 바늘이 빈 1층 저울 3개에 바늘을 그려 보시오.

세 저울이 가리키는 무게는 위의 저울 3개의 무게이므로 4×3=12(kg)입니다. 가운데 저울은 양쪽보다 무게를 두 배로 받으므로 저울은 왼쪽부터 3 kg, 6 kg, 3 kg을 가리킵니다.

❷ 저울을 피라미드 모양으로 쌓고 제일 위에 있는 저울의 접시에 가방을 올렸습니다. 가방의 무게를 구해 보시오. 4 kg

1층의 세 저울이 가리키는 무게를 모두 더하면 16 kg입니다. 16 kg은 저울 3개와 가방의 무게의 합이고, 저울 3개의 무게는 4×3=12(kg)이므로, 가방은 16−12=4(kg)입니다.

[선물상자의 무게]

1 저울의 눈금과 무게를 보고 저울에 올린 선물상자 중 더 가벼운 선물상자의 무게를 구하시오. 6 kg 500 g

저울의 무게: 3 kg
5 kg+5 kg−3 kg=7 kg

저울의 무게: 1 kg 500 g
4 kg+4 kg−1 kg 500 g =6 kg 500 g

[저울의 무게]

2 모두 같은 무게의 저울로 측정한 것입니다. 맨 위의 저울에 올린 곰 인형의 무게를 구하시오. 2 kg

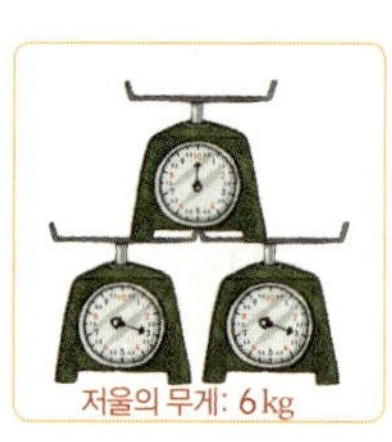

저울의 무게: 6 kg

1층의 세 저울에서 중앙의 저울은 양쪽 저울보다 2배의 무게를 받으므로 5×2=10(kg)입니다. 1층 세 저울이 나타내는 무게의 합은 5+10+5=20(kg)입니다. 20 kg은 저울 3개와 인형의 무게의 합이고, 저울 3개의 무게는 3×6=18(kg)이므로, 곰 인형의 무게는 20−18=2(kg)입니다.

모빌 저울

모빌은 다음과 같은 원리에 의해 평형을 이룹니다. 단, 모빌에 연결된 막대와 실의 무게는 생각하지 않습니다.

(연필의 무게)×(가의 거리)=(지우개의 무게)×(나의 거리)

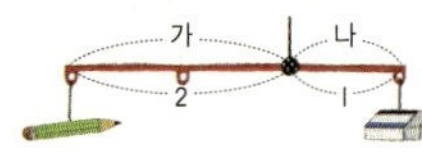

연필의 무게가 3이라면
3×2=(지우개의 무게)×1
지우개의 무게는 6입니다.

❶ 학용품 아래에 적힌 수는 무게를 나타냅니다. ㉠과 ㉡의 무게를 □ 안에 써넣으시오. 단, 고리 사이의 간격은 모두 같습니다.

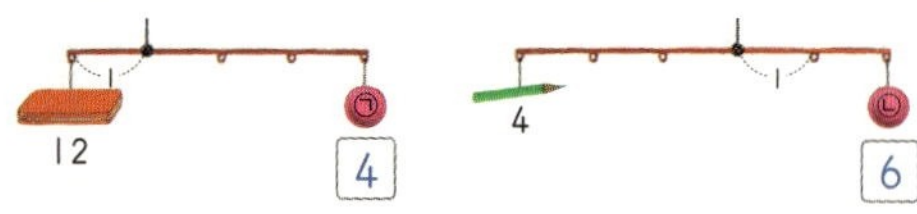

12 4

4 6

12×1=㉠×3, ㉠=4

4×3=㉡×2, ㉡=6

❷ 모빌에 여러 가지 물건을 단 경우, 한쪽에 있는 물건의 무게와 거리를 각각 곱한 값의 합이 반대쪽의 합과 같을 때 평형을 이룹니다. 다음 모빌을 보고 자동차의 무게를 구하시오. 단, 고리 사이의 간격은 모두 같습니다.

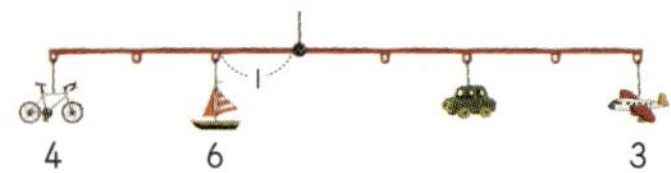

4 6 3

자전거: 4×3=12, 배: 6×1=6, 비행기 3×4=12
12+6=🚗+12, 🚗=6, 🚗의 거리는 2이므로 무게는 3입니다.

[동물들의 시소 타기]

1 시소의 한쪽에 원숭이가 타고 있습니다. 시소가 평형을 이루도록 ㉮ 자리나 ㉯ 자리에 동물을 태우려고 합니다. 토끼, 다람쥐, 사슴 중에서 어느 자리에도 탈 수 없는 동물을 쓰시오. 토끼

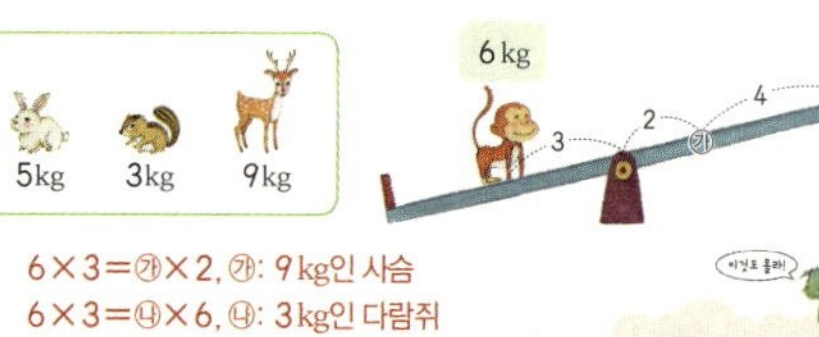

5 kg 3 kg 9 kg

6 kg

6×3=㉮×2, ㉮: 9 kg인 사슴
6×3=㉯×6, ㉯: 3 kg인 다람쥐

[수학저울]

2 저울의 양쪽에 중심점부터의 거리가 1부터 10까지 적혀 있고 추를 걸 수 있도록 만든 수학저울이 있습니다. 수학저울에 무게가 1인 추 한 개를 더 걸어서 양쪽이 평형을 이루도록 하려고 합니다. 추를 걸어야 하는 곳의 번호를 쓰시오. (단, 추 아래의 숫자는 추의 무게입니다.) 4

추가 있는 곳의 수와 추의 무게에 따라 저울이 기울어집니다.

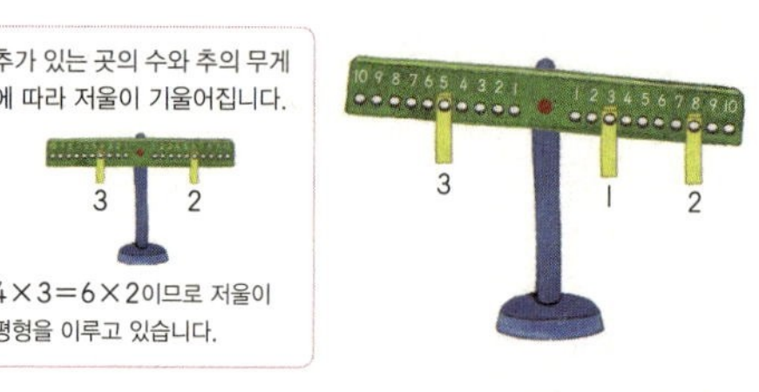

3 2

3 1 2

4×3=6×2이므로 저울이 평형을 이루고 있습니다.

정답 및 해설 **9**

🐻 들이 만들기

서로 다른 들이의 물통 5개를 한 번씩 사용하여 다양한 방법으로 6 L 들이의 어항에 물을 채우려고 합니다. 방법에 맞게 ☐ 안에 써넣으시오.

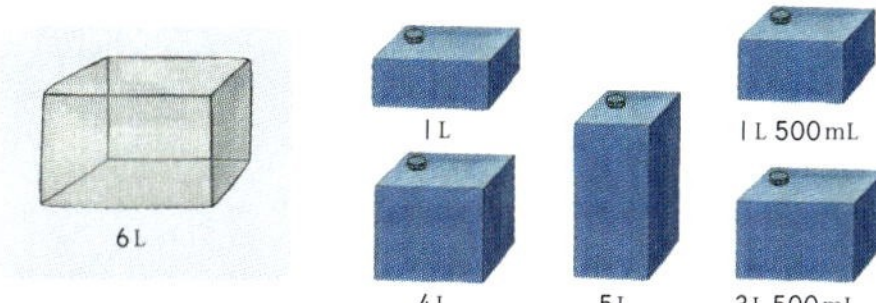

두 물통의 들이를 더하는 방법

1 L 통과 5 L 통에 물을 가득 채워 어항에 한 번씩 부으면 어항이 가득 찹니다.

→ 1 L + 5 L = 6 L

세 물통의 들이를 더하는 방법

1 L 500 mL 통, 1 L 통, 3 L 500 mL 통에 물을 가득 채워 한 번씩 어항에 붓습니다.

→ 1 L 500 mL + 1 L + 3 L 500 mL = 6 L

두 물통의 들이는 더하고 한 통의 들이를 빼는 방법

4 L 통에 물을 가득 채운 후 어항에 붓습니다. 다음으로 3 L 500 mL 통에 물을 가득 채워 1 L 500 mL 통에 가득 옮겨 담은 후, 남은 물을 어항에 붓습니다.

→ 4 L + 3 L 500 mL − 1 L 500 mL = 6 L

---

1 그릇 5개 중 3개를 한 번씩 사용하여 8 L의 통에 물을 가득 채우는 방법이 2가지 있습니다. ☐ 안에 알맞은 그릇의 기호를 써넣으시오.

가 + 다 + 라 = 8 L

가 + 나 + 마 = 8 L

2 3 L와 5 L 물통으로 1 L의 물을 만들려고 합니다. 과정을 나타낸 표의 빈칸에 3 L와 5 L의 물통에 담겨 있는 물의 양을 쓰시오. 단, 물은 자유롭게 담거나 버릴 수 있습니다.

3 L 물통	5 L 물통	방 법
3	0	3 L 통에 물을 가득 채웁니다.
0	3	3 L 통의 물을 5 L 통으로 모두 옮깁니다.
3	3	다시 3 L 통에 물을 가득 채웁니다.
1	5	3 L 통의 물을 5 L 통이 가득 차도록 옮기면 3 L 통에 물이 1 L만 남습니다.

---

⑤ 무게

물건이 무겁거나 가벼운 정도를 무게라고 합니다. 우리가 살고 있는 지구는 지구 위의 모든 것들을 강하게 끌어당기고 있는데, 무거운 물건은 강하게, 가벼운 물건은 약하게 끌어당깁니다. 이 끌어당기는 힘이 무게가 되는 것입니다.

지구에서는 무거워서 혼자 들기 힘든 물건도 달에 가면 쉽게 들 수 있다고 합니다. 이유를 이야기하여 봅시다.

달은 지구보다 물건을 끌어당기는 힘이 약하기 때문입니다.

◐ ★ 모양의 무게를 정확하게 알 수 있는 것의 기호를 쓰고 무게를 구하시오.

나, 2g

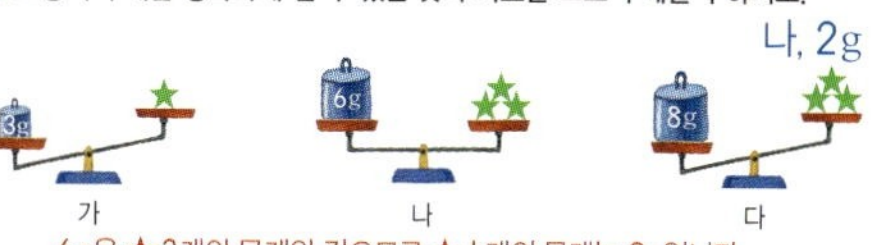

6g은 ★ 3개의 무게와 같으므로 ★ 1개의 무게는 2g입니다.

◐ ☐ 안에 g과 kg 중에서 알맞은 무게 단위를 써넣으시오.

4 g   3 kg   200 g

노른 포인트

무게를 잴 수 있는 여러 가지 도구가 있습니다.

① 눈금이 있는 저울은 물건을 올려놓으면 눈금으로 무게를 알 수 있습니다.

② 수평저울에 물건을 올려놓아 평형을 이루도록 하여 무게를 잴 수도 있습니다.

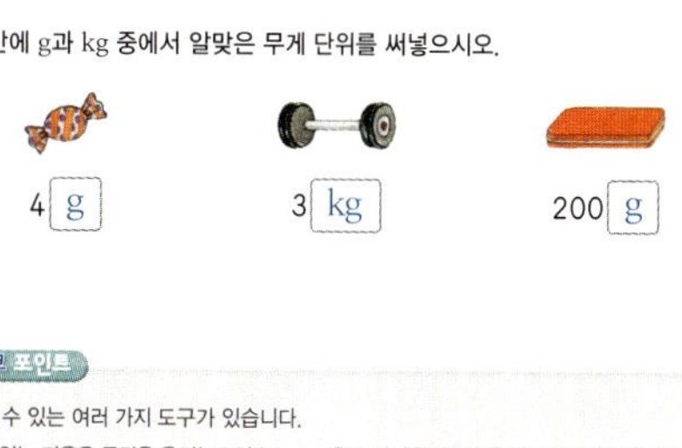

③ 시소나 모빌은 중심점에서 떨어진 거리와 모빌의 무게와의 곱이 같으면 평형을 이룹니다.

---

8 C2 측정

들이와 무게

4 들이 재기

지오는 우유를 마시다가 우유갑에 표시된 영양성분이 궁금해졌습니다.

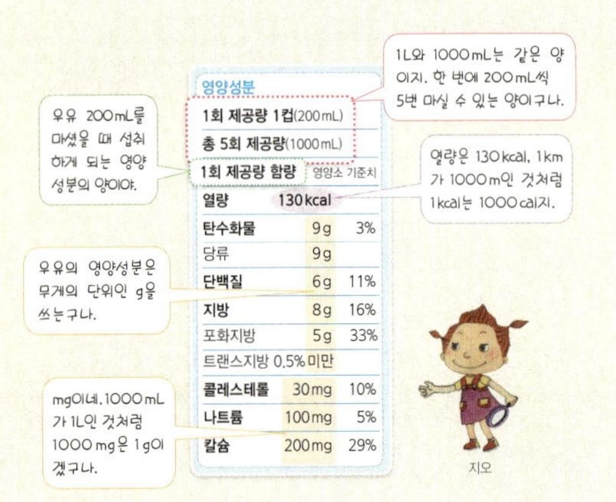

우유 1L를 마시면 콜레스테롤, 나트륨, 칼슘을 각각 몇 mg 섭취하게 될까요?

콜레스테롤 150 mg, 나트륨 500 mg, 칼슘 1000 mg

콜레스테롤: 30×5=150(mg)
나 트 륨: 100×5=500(mg)
칼   슘: 200×5=1000(mg)

빈 곳에 L와 mL로 들이를 나타내는 데 알맞은 물건의 기호를 쓰시오.

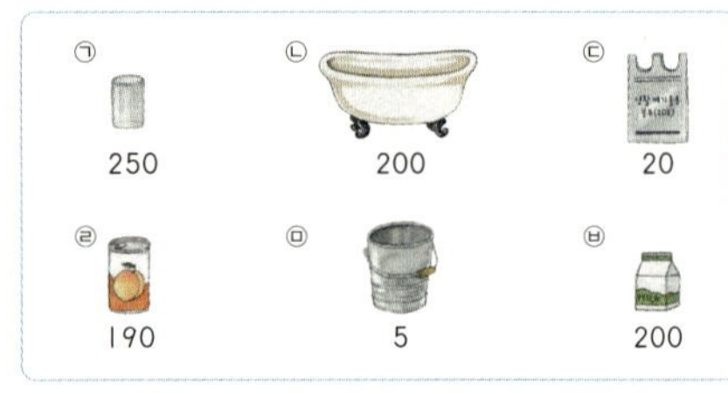

L로 들이를 나타내는 것
㉡, ㉢, ㉤

mL로 들이를 나타내는 것
㉠, ㉣, ㉥

노크 포인트

들이, 길이, 무게와 같은 측정 단위에는 공통점이 있습니다.
① 들이: 1000mL=1L,   1kL=1000L
② 길이: 1000mm=1m,   1km=1000m
③ 무게: 1000mg=1g,   1kg=1000g

들이를 더하거나 뺄 때는 L는 L끼리, mL는 mL끼리 계산합니다.

```
      1
   4 L 600 mL          4  1000
 + 2 L 700 mL        5 L 200 mL
 ───────────       − 1 L 800 mL
   7 L 300 mL        ───────────
                       3 L 400 mL
```

들이의 합과 차

다음 방법에 따라 노란색, 빨간색, 파란색 페인트를 사용하여 주황색과 초록색 페인트를 만들려고 합니다. 주황색과 초록색 페인트를 각각 2L씩 만들고 남은 페인트의 양을 각각 구해 봅시다.

❶ 빨간색 페인트를 400mL를 사용하여 주황색 페인트를 만들었습니다. 노란색 페인트를 몇 mL 넣어야 합니까? **1600 mL**

400×4=1600(mL)

❷ 노란색 페인트를 1200mL 사용하여 초록색 페인트를 만들었습니다. 파란색 페인트는 몇 mL 넣어야 합니까? **800 mL**

200×4=800(mL)

❸ 주황색, 초록색 페인트를 만들고 남은 페인트의 양을 각각 구하시오.

```
  노란색 페인트        빨간색 페인트        파란색 페인트
     4 L               1000 mL            1000 mL
 − 2 L 800 mL        −  400 mL          −  800 mL
 ───────────        ──────────         ──────────
   1 L 200 mL           600 mL             200 mL
```

사용한 노란색 페인트: 1600 mL + 1200 mL = 2800 mL
사용한 빨간색 페인트: 400 mL   사용한 파란색 페인트: 800 mL

[물통의 들이]

1 물통에 물을 가득 채우기 위해서는 컵과 양동이에 물을 가득 채워 2번씩 부어야 합니다. 물통의 들이를 구하시오.

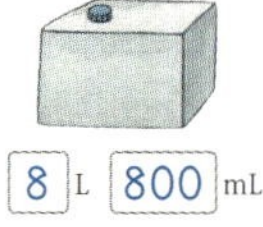

700 mL + 700 mL + 3700 mL + 3700 mL = 8800 mL = 8 L 800 mL

[휘발유의 양]

2 초이는 부모님과 시골 할머니 댁에 갔습니다. 도착해서 아버지는 사용한 휘발유의 양을 꼼꼼하게 적어 놓았습니다. 다음 글을 보고 물음에 답하시오.

❶ 휴게소에 도착할 때까지 사용한 휘발유의 양을 구하시오. **7 L 800 mL**

15 L 400 mL − 7 L 600 mL = 7 L 800 mL

❷ 휴게소에서 할머니 댁까지 가는 데 사용한 휘발유의 양을 구하시오. **23 L 200 mL**

7 L 600 mL + 34 L 200 mL − 18 L 600 mL = 23 L 200 mL

정답 및 해설 **7**

🦔 만능자 만들기

|cm부터 자의 전체 길이까지 잴 수 있는 자를 만능자라고 합니다. 6cm 길이의 막대에 선을 2개 그어서 |cm부터 6cm까지의 길이를 모두 잴 수 있는 만능자를 만들어 봅시다.

❶ |cm를 재기 위해서는 |cm 간격이 반드시 필요합니다. 두 가지 방법으로 막대의 |cm 간격을 만들었습니다. 잴 수 있는 길이를 모두 구하시오.

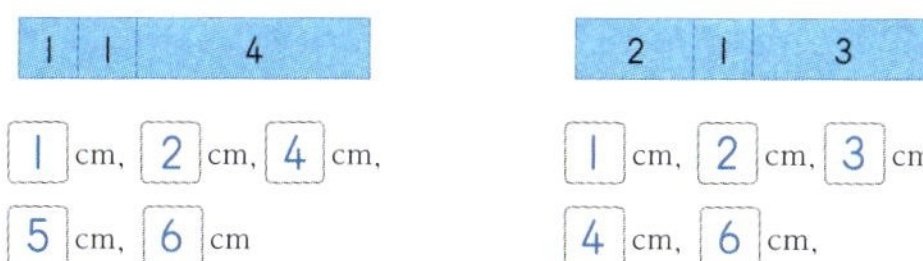

| 1 | cm, | 2 | cm, | 4 | cm,
| 5 | cm, | 6 | cm

| 1 | cm, | 2 | cm, | 3 | cm,
| 4 | cm, | 6 | cm,

❷ 막대의 끝에 |cm 간격을 만들었습니다. 선을 하나 더 그어서 |cm부터 6cm까지 모두 잴 수 있는 만능자를 만들어 보시오.

$1cm+3cm=4cm, 3cm+2cm=5cm$
$1cm+3cm+2cm=6cm$

6cm 길이의 막대 양쪽에 막대 2개를 연결하여 |cm부터 9cm까지의 길이를 모두 잴 수 있는 만능 연결자를 만들려고 합니다. ☐ 안에 알맞은 수를 써넣으시오.

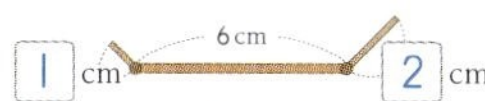

$1cm, 2cm, 6-1-2=3(cm), 6-2=4(cm), 6-1=5(cm), 6cm$
$6+1=7(cm), 6+2=8(cm), 1+6+2=9(cm)$

[만능자 만들기]

1 |cm부터 9cm 까지의 길이를 잴 수 있는 만능자를 만들려고 합니다. 다음 자에 선을 2개 긋고 칸의 수를 써넣어 9cm 짜리 만능자를 완성하시오.

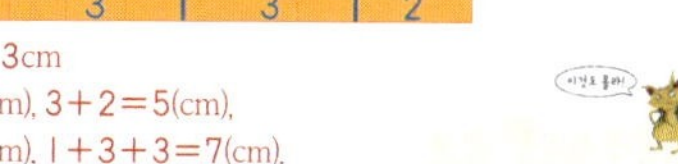

1cm, 2cm, 3cm
$1+3=4(cm), 3+2=5(cm),$
$3+3=6(cm), 1+3+3=7(cm),$
$3+3+2=8(cm), 1+3+3+2=9(cm)$

> 7cm 길이를 만들기 위해서는 2cm 짜리 칸을 어디에 만들어야 할까?

[만능 연결자 찾기]

2 아인이와 지오가 각각 길이가 7cm인 만능 연결자를 만들었습니다. 바르게 만든 사람의 이름을 쓰시오. **지오**

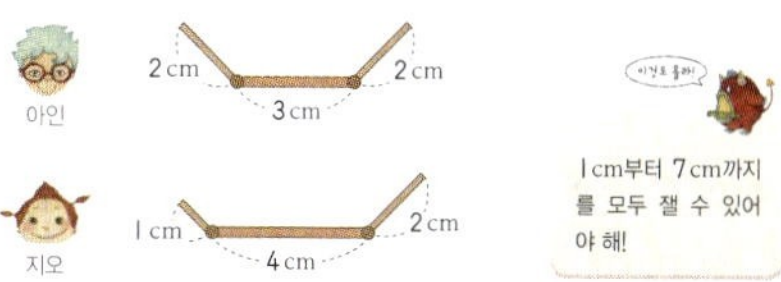

> 1cm부터 7cm까지를 모두 잴 수 있어야 해!

아인이가 만든 자는 4cm와 6cm를 잴 수 없습니다.
지오: $1cm, 2cm, 4-1=3(cm), 4cm, 1+4=5(cm),$
$4+2=6(cm), 1+4+2=7(cm)$

👧 창의적 문제해결력

1 길에 나무 5그루가 심어져 있습니다. 다음을 보고 나에서 라까지의 거리를 구하시오.

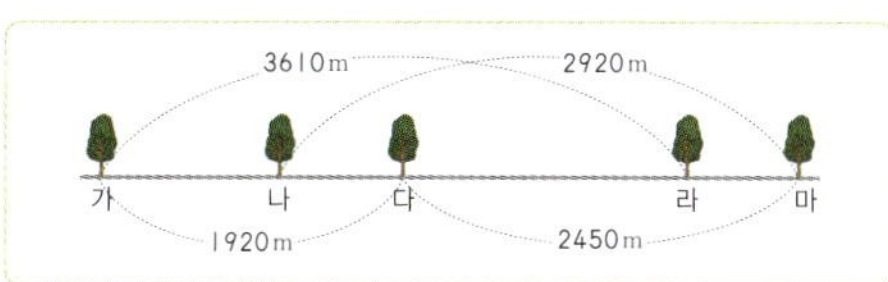

나에서 라까지의 거리: | 2 | km | 160 | m

라~마: $1920+2450-3610=760(m)$
나~라: $2920-760=2160(m) \rightarrow 2km\ 160m$

2 다음 나무판자를 |개 또는 2개 사용하여 길이를 재려고 합니다. |cm부터 15cm 중 잴 수 없는 길이를 구하시오. **12cm, 14cm**

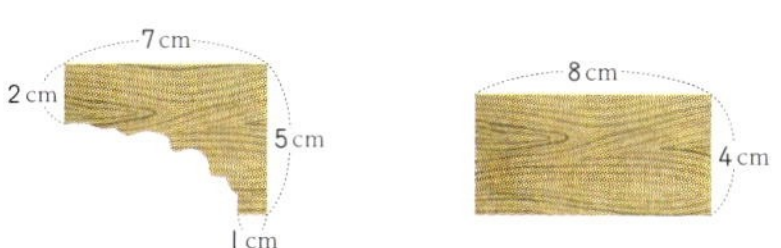

잴 수 있는 길이: $1cm, 2cm, 8-5=3cm, 4cm, 5cm$
$8-2=6(cm), 7cm, 8cm, 8+1=9(cm), 8+2=10(cm),$
$7+4=11(cm), 5+8=13(cm), 7+8=15(cm)$

📍 동영상 특강
QR 코드를 찍어 보세요!!!

3 크기가 다른 색종이 2장이 있습니다. 색종이를 2번까지 접을 수 있다고 할 때, |cm부터 12cm까지 색종이를 |장 또는 2장을 사용하여 잴 수 없는 길이는 몇 cm입니까? **11cm**

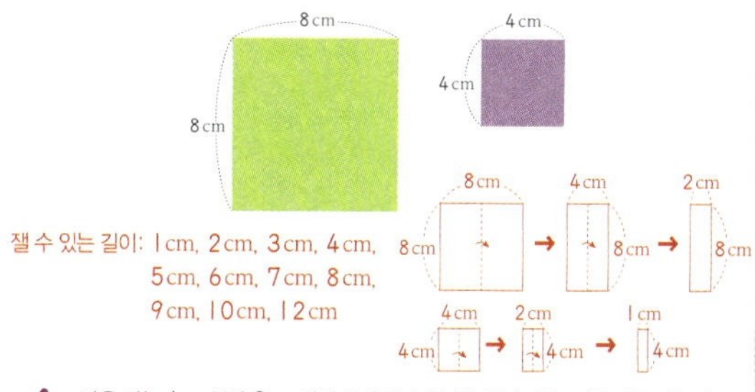

잴 수 있는 길이: $1cm, 2cm, 3cm, 4cm,$
$5cm, 6cm, 7cm, 8cm,$
$9cm, 10cm, 12cm$

4 다음 자는 |cm부터 8cm까지 중에 길이 하나를 잴 수 없는 잘못 만든 만능자입니다. 잴 수 없는 길이는 몇 cm인지 구하고 선을 3개 그어서 |cm부터 8cm까지 모두 잴 수 있는 만능자를 만들어 보시오.

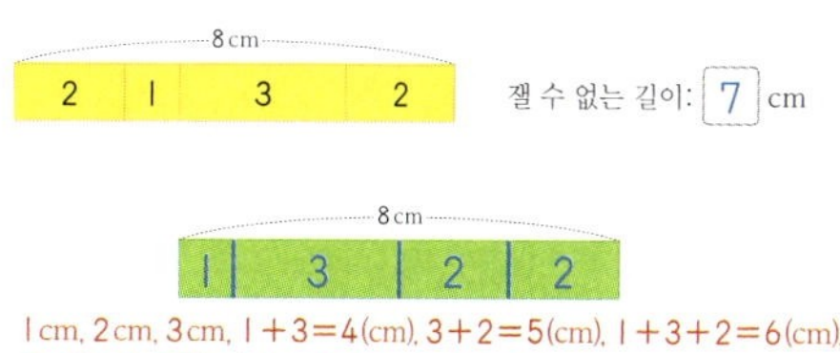

잴 수 없는 길이: | 7 | cm

$1cm, 2cm, 3cm, 1+3=4(cm), 3+2=5(cm), 1+3+2=6(cm),$
$3+2+2=7(cm), 1+3+2+2=8(cm)$

6   C2 측정

③ 눈금 없는 측정

장난 요괴가 울보 요괴의 길이 막대를 숨겼습니다.

아이들은 울보 요괴가 가엾습니다.

아인이는 남은 막대로 7 cm를 재는 방법을 울보 요괴에게 보여 주었습니다.

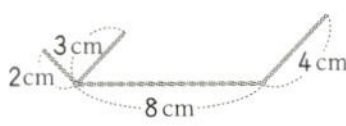

아인이의 방법으로 길이를 재는 방법을 식으로 써 보시오.

길이	방법	길이	방법	길이	방법
1 cm	1	5 cm	$9-3-1=5$	9 cm	9
2 cm	$3-1=2$	6 cm	$9-3=6$	10 cm	$9+1=10$
3 cm	3	7 cm	$9+1-3=7$	11 cm	$9+3-1=11$
4 cm	$3+1=4$	8 cm	$9-1=8$	12 cm	$9+3=12$
				13 cm	$9+1+3=13$

노크 포인트

눈금 없는 자를 사용하여 잴 수 있는 길이를 찾을 때는 재는 방법을 직접 찾을 필요없이 덧셈식과 뺄셈식을 사용하면 좀 더 빠르게 찾을 수 있습니다.

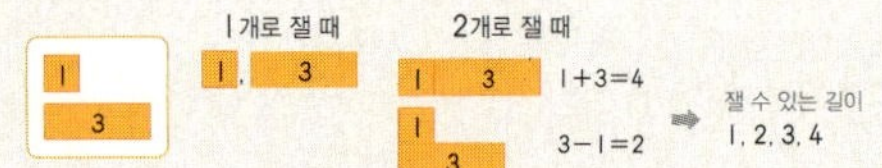

막대를 돌릴 수 있도록 서로 연결한 연결자는 길이를 서로 더하고 빼는 것이 가능하지만, 막대가 붙은 위치에 따라서 더하거나 빼는 것이 불가능한 경우가 있습니다.

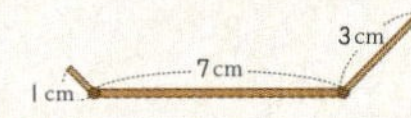

1개로 잴 때: 1, 3, 7
2개를 더할 때: $1+7=8$, $3+7=10$ ($1+3$은 불가능)
3개를 더할 때: $1+7+3=11$
2개를 서로 뺄 때: $7-1=6$, $7-3=4$ ($3-1$은 불가능)
2개는 더하고 1개는 뺄 때: $1+7-3=5$, $7+3-1=9$
1개에 2개를 뺄 때: $7-1-3=3$
→ 잴 수 있는 길이: 1, 3, 4, 5, 6, 7, 8, 9, 10, 11

연결자

길이가 2 cm, 3 cm, 4 cm, 8 cm인 철사를 연결하여 연결자를 만들었습니다. 이 자로 1 cm와 15 cm 사이에 잴 수 없는 길이를 찾아봅시다.

❶ 다음은 두 철사의 길이의 합과 차를 이용하는 방법입니다. □ 안에 알맞은 수를 써넣으시오.

$$2 + 8 = 10 \ (\text{cm})$$

$$8 + 4 = 12 \ (\text{cm})$$

$$8 - 3 = 5 \ (\text{cm})$$

$$8 - 2 = 6 \ (\text{cm})$$

❷ 1 cm부터 15 cm까지 길이를 재는 방법을 식으로 나타내고, 잴 수 없는 길이를 구하시오.　13 cm

길이	방법	길이	방법	길이	방법
1 cm	$3-2=1$	6 cm	$8-2=6$	11 cm	$3+8=11$
2 cm	2	7 cm	$3+8-4=7$	12 cm	$8+4=12$
3 cm	3	8 cm	8	13 cm	×
4 cm	4	9 cm	$8+4-3=9$	14 cm	$8+4+2=14$
5 cm	$8-3=5$	10 cm	$2+8=10$	15 cm	$8+4+3=15$

여러 가지 방법이 있습니다.

[철사로 만든 연결자]

1 9 cm 길이의 철사 양 끝에 길이가 2 cm, 5 cm, 1 cm인 철사를 연결하여 움직일 수 있도록 하였습니다. 이 연결자로 잴 수 있는 길이에 모두 ◯표 하시오.

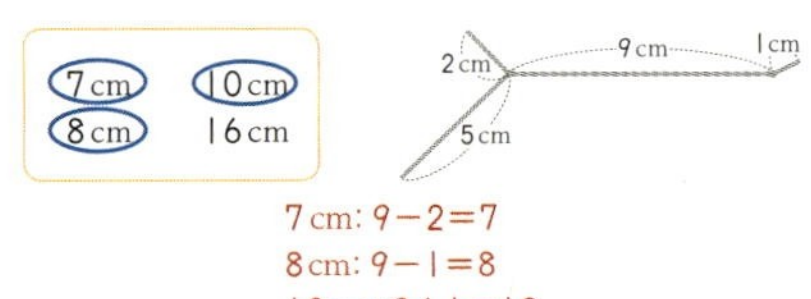

7 cm: $9-2=7$
8 cm: $9-1=8$
10 cm: $9+1=10$

[식 세워 길이재기]

2 다음 연결자로 길이를 재는 방법을 식으로 나타내었습니다. 바르게 나타낸 것에 모두 ◯표 하시오.

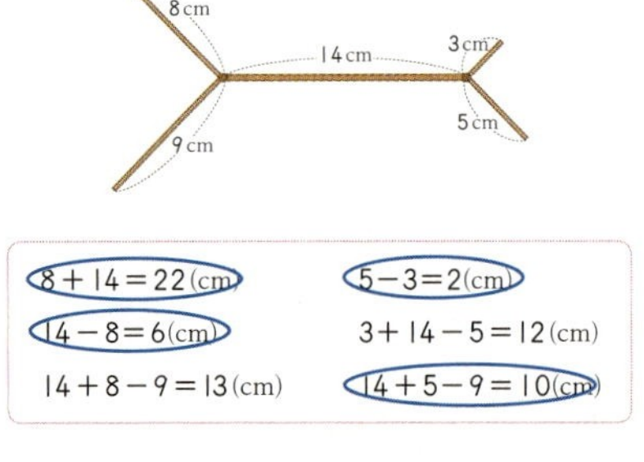

$8+14=22 \ (\text{cm})$　　$5-3=2 \ (\text{cm})$
$14-8=6 \ (\text{cm})$　　$3+14-5=12 \ (\text{cm})$
$14+8-9=13 \ (\text{cm})$　　$14+5-9=10 \ (\text{cm})$

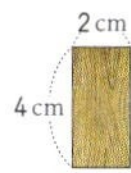 두 나무판자로 길이 구하기

변의 길이가 다음과 같은 나무판자를 붙이는 방법에 따라 여러 가지 길이를 잴 수 있습니다. 두 나무판자를 사용하여 잴 수 있는 길이와 길이를 재는 방법을 알아봅시다.

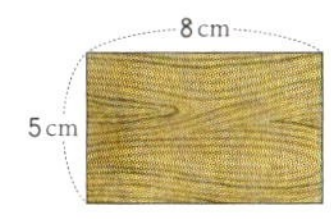

❶ 나무판자의 한 변을 사용하면 2cm, 4cm, 5cm, 8cm를 잴 수 있습니다. 두 나무판자를 붙이면 변의 길이의 합 또는 차를 이용하여 길이를 잴 수 있습니다. 표를 완성하여 두 나무판자를 붙여 잴 수 있는 길이를 모두 구해 보시오.

합	5cm	8cm
2cm	7cm	10cm
4cm	9cm	12cm

차	5cm	8cm
2cm	3cm	6cm
4cm	1cm	4cm

❷ 다음 큰 나무판자에 작은 나무판자를 그려서 3cm와 9cm를 재는 방법을 설명해 보시오.

3cm

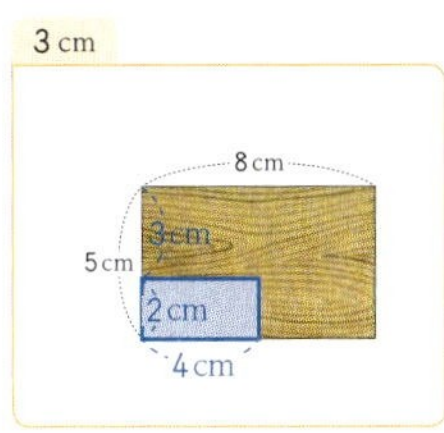

9cm

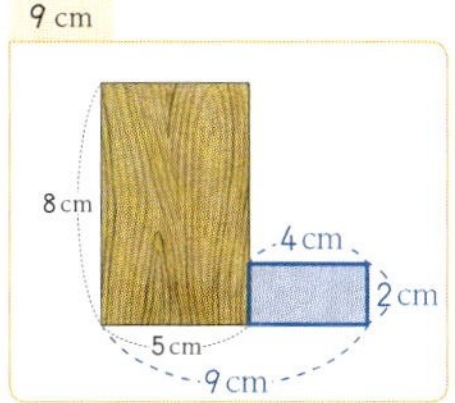

---

1 길이가 다음과 같은 두 개의 종이를 붙여 여러 가지 물건의 길이를 재려고 합니다. 길이를 잴 수 있는 물건은 모두 몇 개입니까?   **3개**

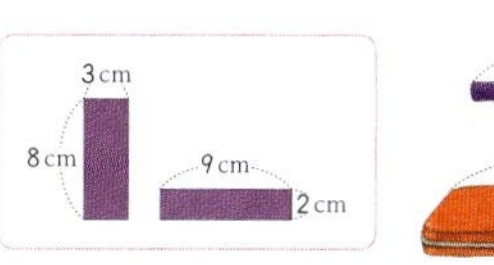
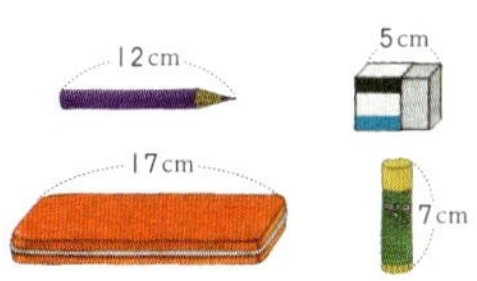

연필: 3cm+9cm=12cm
필통: 8cm+9cm=17cm
지우개: 3cm+2cm=5cm

[나무판자의 길이]

2 나무판자 2개를 사용하여 잴 수 있는 길이를 모두 나타낸 것입니다. ☐ 안에 알맞은 수를 써넣으시오.

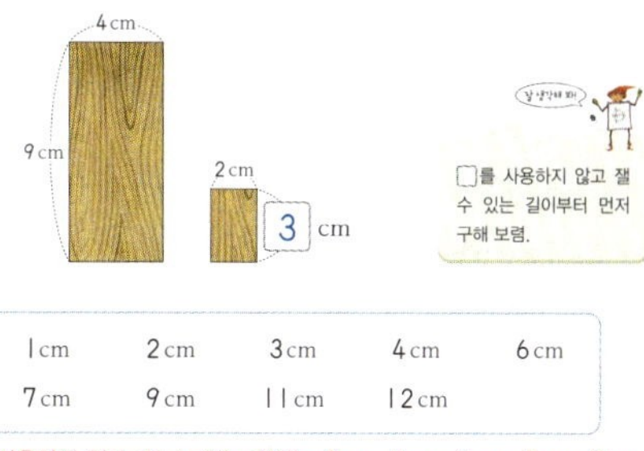

1cm	2cm	3cm	4cm	6cm
7cm	9cm	11cm	12cm	

☐를 사용하지 않고 잴 수 있는 길이는 2cm, 4cm, 6cm, 7cm, 9cm, 11cm입니다. 나머지 길이를 재려면 ☐ 안에 알맞은 수는 3입니다.

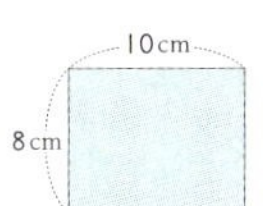 종이 접기로 길이 재기

종이의 한 변의 길이의 반과 두 변의 길이의 차를 이용하여 길이를 잴 수 있습니다. 변의 길이가 다음과 같은 종이를 사용하여 여러 가지 길이를 재어 봅시다.

❶ 종이를 정확하게 반으로 접으면 길이도 반이 됩니다. 다음은 종이를 한쪽 방향으로 1번 또는 2번 접은 것입니다. ☐ 안에 알맞은 수를 써넣으시오.

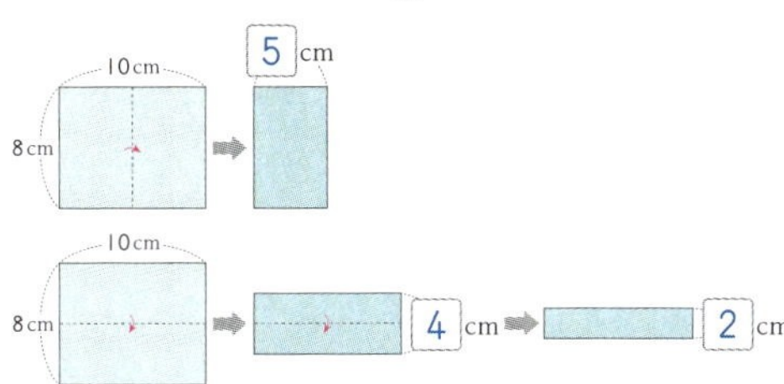

❷ 짧은 변이 긴 변에 겹치도록 접으면 두 변의 길이의 차를 이용할 수 있습니다. 그림을 보고 ☐ 안에 알맞은 수를 써넣으시오.

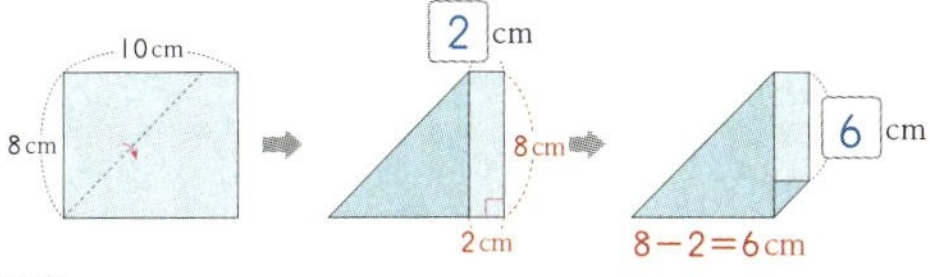

8−2=6cm

[신문지 접기]

1 태경이는 학급 신문을 다음과 같이 자른 다음 1번 또는 2번, 3번을 접어서 다양한 길이를 재어 보려고 합니다. 잴 수 없는 길이에 모두 ✕표 하시오.

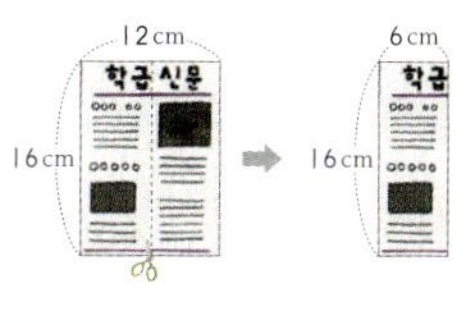

2cm	3cm	4cm	6cm
✕cm	8cm	✕cm	10cm

• 종이를 한쪽 방향으로 접어 잴 수 있는 길이: 3cm, 8cm, 4cm, 2cm
• 짧은 변이 긴 변에 겹치도록 접어 잴 수 있는 길이: 10cm

[접어서 붙인 색종이]

2 한 변의 길이가 8cm인 색종이가 4장이 있습니다. 한 장은 그대로 쓰고 두 장은 한 번만 반으로 접고, 나머지 한 장은 반으로 두 번 접어서 다음과 같이 붙였습니다. 붙인 모양의 둘레를 구하시오.   **56cm**

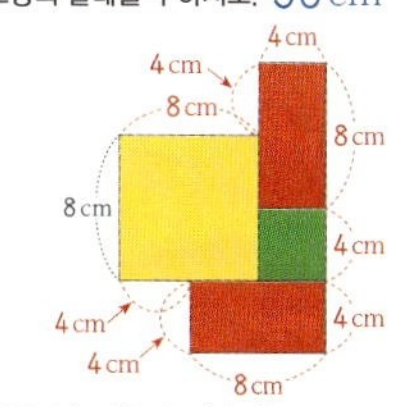

* 둘레: 도형을 둘러싸고 있는 테두리의 길이

---

4 C2 측정

길이의 합과 차

다음은 기차역 사이의 거리를 나타낸 표입니다. 나 역에서 다른 역까지의 거리를 이용하여 ㉠, ㉡, ㉢을 알맞게 채우시오.

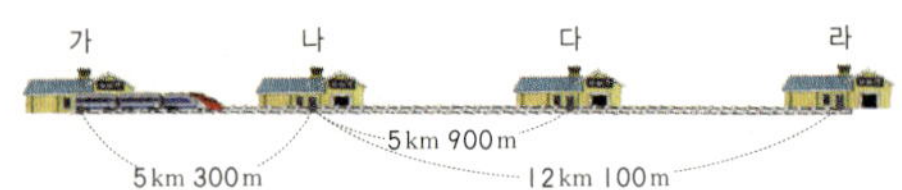

가	나	다	라	기차역
-	5km 300m	㉠	㉡	가
	-	5km 900m	12km 100m	나
		-	㉢	다
			-	라

❶ ㉠은 가 역과 다 역 사이의 거리입니다. □ 안에 알맞은 수를 써넣어 ㉠을 구하시오.

$$5 \text{ km } 300 \text{ m} \leftarrow \text{가 역과 나 역 사이의 거리}$$
$$+\ 5 \text{ km } 900 \text{ m} \leftarrow \text{나 역과 다 역 사이의 거리}$$
$$11 \text{ km } 200 \text{ m} \leftarrow \text{가 역과 다 역 사이의 거리}$$

❷ ㉡은 가 역과 라 역 사이의 거리이고, ㉢은 다 역과 라 역 사이의 거리입니다. ㉡과 ㉢을 각각 구하시오.

㉡ = 17 km 400 m   ㉢ = 6 km 200 m

㉡: 5km 300m + 12km 100m = 17km 400m
㉢: 12km 100m − 5km 900m = 6km 200m

[길이의 합과 차]
1 가장 긴 색연필과 가장 짧은 색연필의 길이의 합과 차를 각각 구하시오.

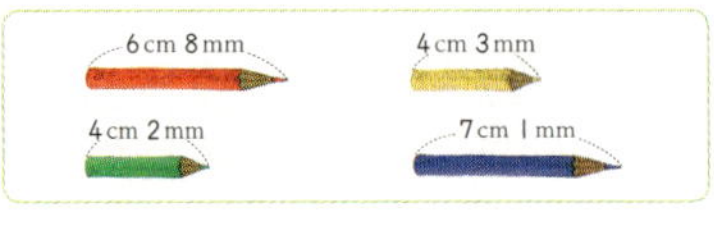

합: 11 cm 3 mm   차: 2 cm 9 mm
가장 긴 색연필: 7cm 1mm, 가장 짧은 색연필: 4cm 2mm
합: 7cm 1mm + 4cm 2mm = 11cm 3mm
차: 7cm 1mm − 4cm 2mm = 2cm 9mm

[태경이가 걸은 거리]
2 태경이네 집에서 학교, 놀이터, 분식점, 마트까지의 거리를 나타낸 것입니다.

❶ 놀이터에서 마트까지의 거리가 2km 180m라고 할 때, 놀이터에서 태경이네 집까지의 거리를 구하시오. 1km 480m

2km 180m − 700m = 1km 480m

❷ 태경이는 걸어서 학교에서 집에 왔다가 곧바로 분식점에 갔습니다. 태경이가 걸은 거리를 구하시오. 3km 400m

1km 470m + 1km 930m = 3km 400m

---

② 눈금 없는 자

아인이의 필통에는 직접 만든 삼각자 2개가 들어 있습니다.

지오는 아인이의 삼각자를 보고 이상하게 생각했습니다.

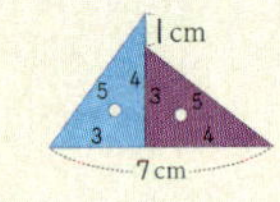

아인이는 삼각자로 길이를 재는 방법을 지오에게 설명했습니다.

아인이의 삼각자 2개를 사용해서 2cm와 8cm를 재는 방법을 그림으로 나타내시오.

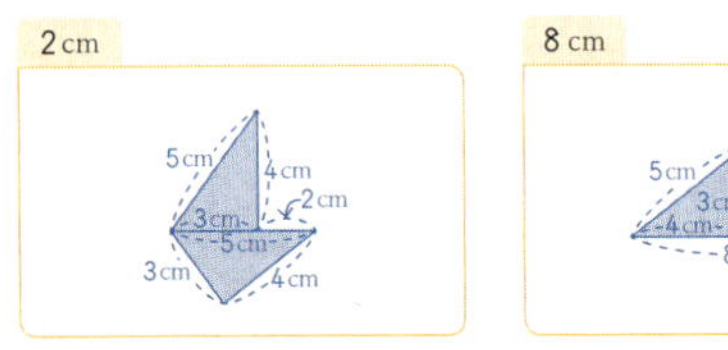

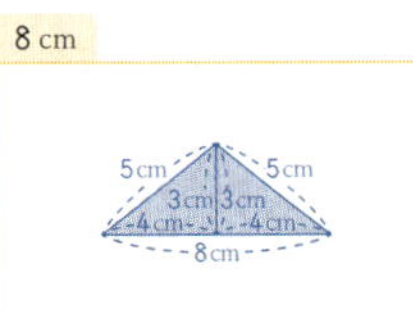

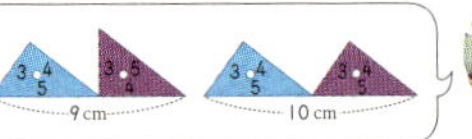

🔸 □ 안에 삼각자 2개와 막대 2개로 잰 여러 가지 길이를 써넣으시오.

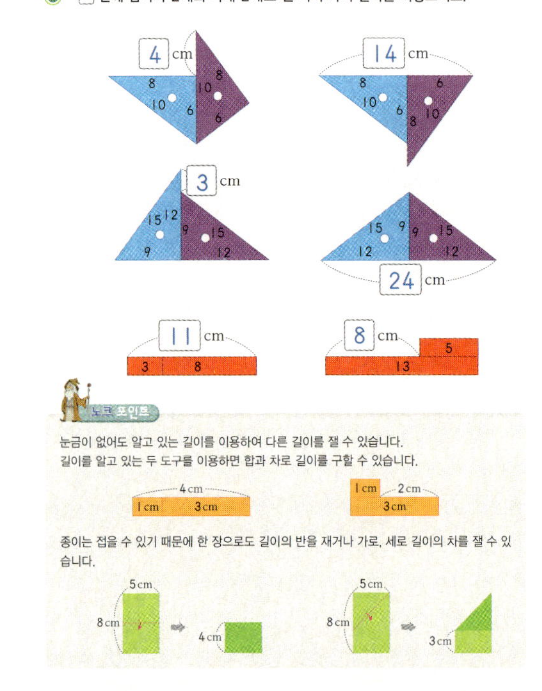

노크 포인트

눈금이 없어도 알고 있는 길이를 이용하여 다른 길이를 잴 수 있습니다.
길이를 알고 있는 두 도구를 이용하면 합과 차로 길이를 구할 수 있습니다.

종이는 접을 수 있기 때문에 한 장으로도 길이의 반을 재거나 가로, 세로 길이의 차를 잴 수 있습니다.

정답 및 해설 **3**

Chapter 1

길이

① 미터법과 단위 변환

옛날에는 나라나 지역마다 길이를 재는 데 사용하는 단위가 달랐습니다. 서양에서는 피트, 동양에서는 척을 사용했습니다. 그런데 몸의 일부를 길이의 단위로 사용하다 보니 사람마다 지역마다 같은 단위도 다르게 사용되어 매우 불편했습니다.

18세기 프랑스의 학자들은 지구의 북극에서 남극까지의 거리를 재었고, 이 길이를 우리가 사용하기 편리하게 나누어 1m를 정하였습니다.

피트는 서양에서 사용했고, 지금도 일부 나라에서 사용하는 단위입니다. 1피트가 약 30cm일 때, 비단 50피트는 약 몇 m입니까? 약 15m

$50 \times 30 = 1500(cm) \rightarrow 15m$

◐ 안에서 알맞은 단위를 찾아 ☐ 안에 써넣으시오.

도로 포인트

길이는 1m가 먼저 정해지고 나서 cm, mm, km가 정해졌습니다.

- 1mm(밀리미터)
  영어의 밀리(milli)라는 말은 1000분의 1을 뜻합니다. 1000mm는 1m와 같습니다.

$$1000mm = 1m$$

- 1cm(센티미터)
  영어의 센티(centi)라는 말은 100분의 1을 뜻합니다. 100cm는 1m와 같고, 10mm는 1cm와 같습니다.

$$100cm = 1m \qquad 10mm = 1cm$$

- 1km(킬로미터)
  영어의 킬로(kilo)라는 말은 1000배를 뜻하고 1000m는 1km와 같습니다.

$$1000m = 1km$$

단위 변환

경주 석굴암 여행 지도의 일부입니다. 지도를 보고 석굴암 주차장에서 목적지까지의 거리를 구해 봅시다.

❶ 석굴암 주차장에서 다음 지점까지의 거리를 각각 구하시오.

불국사	2200 m	토함산	1600 m
추령	4500 m	탑골	4200 m

토함산: $1400 + 200 = 1600(m)$ 추령: $1400 + 3100 = 4500(m)$
탑 골: $1400 + 200 + 300 + 2300 = 4200(m)$

❷ 다음은 석굴암 주차장에 있는 표지판입니다. ☐ 안에 알맞은 수를 써넣으시오.

[연간 강수량]

1 비나 눈이 내린 양을 측정하여 mm로 나타낸 것을 강수량이라고 합니다. 다음은 어느 해 몇 개 도시의 1년 동안의 강수량을 나타낸 것입니다. 빈칸에 강수량의 단위를 cm, m로 각각 바꾸어 써넣으시오.

도시	강수량(mm)	강수량(cm)	강수량(m, cm)
서울	1470mm	147cm	1m 47cm
대전	1210mm	121cm	1m 21cm
광주	1340mm	134cm	1m 34cm
대구	1090mm	109cm	1m 9cm
부산	1460mm	146cm	1m 46cm
제주	1880mm	188cm	1m 88cm

[돌 던지기]

2 다음은 세 사람이 돌을 던진 거리를 나타낸 것입니다. 세 사람이 돌을 던진 거리를 ☐ 안에 써넣으시오.

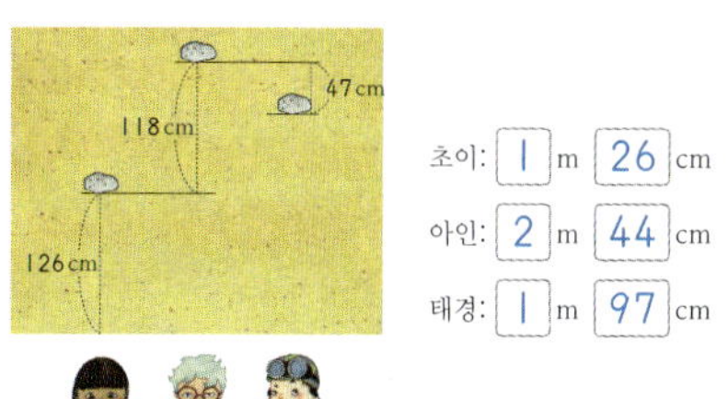

아인: $126 + 118 = 244(cm) \rightarrow 2m 44cm$
태경: $244 - 47 = 197(cm) \rightarrow 1m 97cm$

2 C2 측정

정답 및 해설

측정

변의 길이가 모두 같은 도형입니다. ☐ 안에 둘레를 써넣으시오.

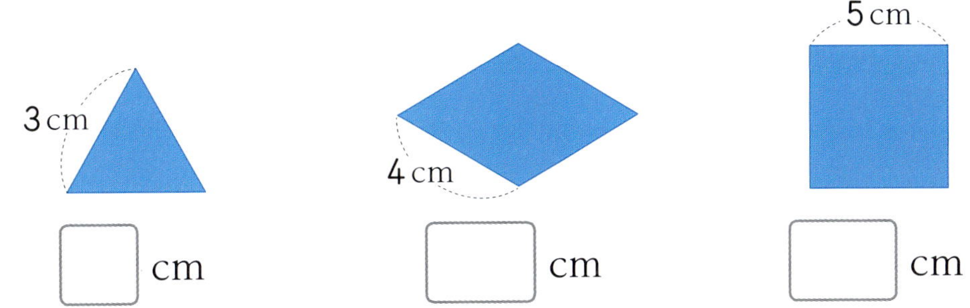

모든 변의 길이가 2 cm인 삼각형과 사각형을 이어 붙였습니다. 가와 나 중 둘레가 더 긴 것의 기호를 쓰시오.

도형을 둘러싸고 있는 테두리의 길이를 둘레라고 합니다.

모든 변의 길이가 같은 도형의 둘레는 변의 개수를 세어서 구할 수 있습니다.

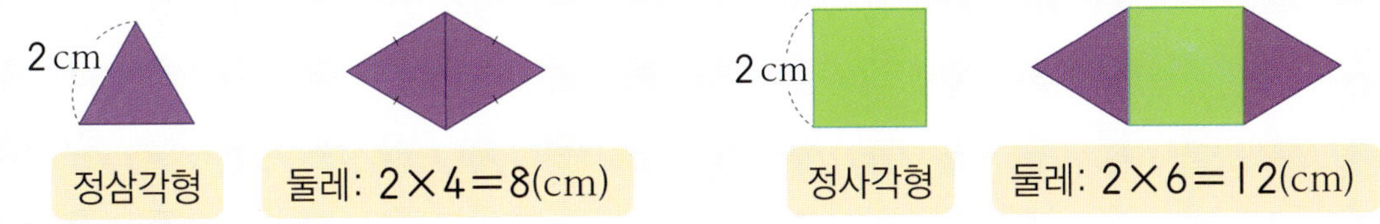

# 정삼각형과 정사각형

한 변의 길이가 같은 정삼각형과 정사각형을 붙여 만든 모양의 둘레를 구해 봅시다.

1 변의 길이가 1cm인 정삼각형과 정사각형을 붙여서 만든 모양의 둘레를 구해 봅시다.

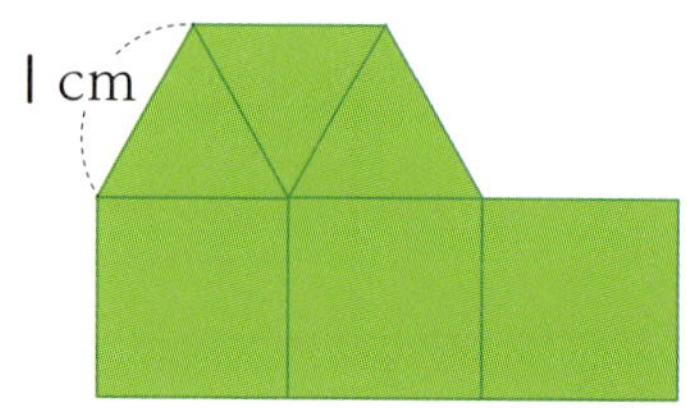

❶ 이 모양의 둘레에 길이가 1cm인 변이 모두 몇 개 있습니까?

❷ 모양의 둘레는 몇 cm입니까?

2 변의 길이가 1cm인 정삼각형과 정사각형을 붙여서 만든 모양의 둘레를 구해 봅시다.

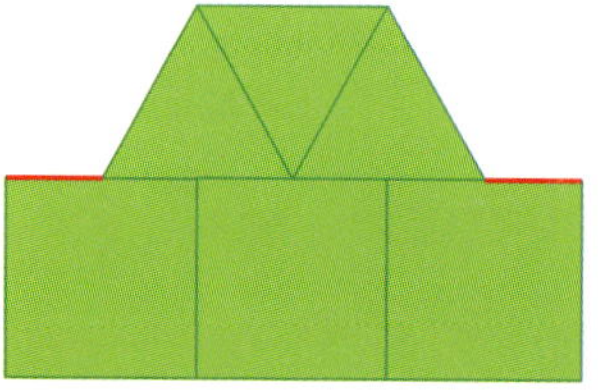

❶ 빨간색 선의 길이의 합은 몇 cm입니까?

❷ 모양의 둘레는 몇 cm입니까?

빨간색 선은 각각의 길이는 알 수 없지만 길이의 합은 알 수 있단다.

1 다음은 정삼각형과 정사각형을 붙여서 만든 모양입니다. 둘레를 구하시오.

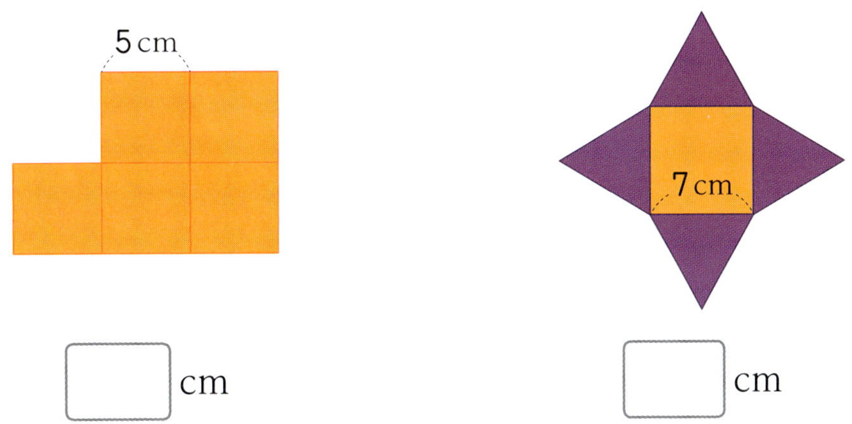

☐ cm   ☐ cm

2 변의 길이가 같은 정삼각형과 정사각형을 사용하여 만든 모양입니다. 둘레가 긴
순서대로 기호를 쓰시오.

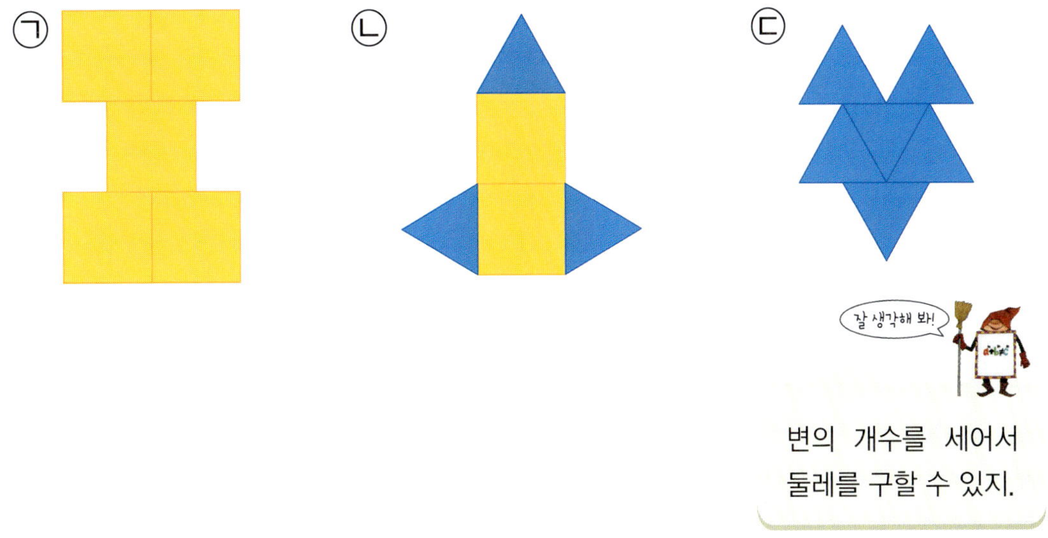

패턴블록으로 만든 모양

패턴블록은 다음과 같은 6가지로 이루어져 있습니다. 패턴블록으로 만든 모양의 둘레를 구해 봅시다.

❶ 정삼각형과 정사각형의 한 변의 길이가 1일 때, 다음 모양을 보고 각 패턴블록의 둘레를 구하시오.

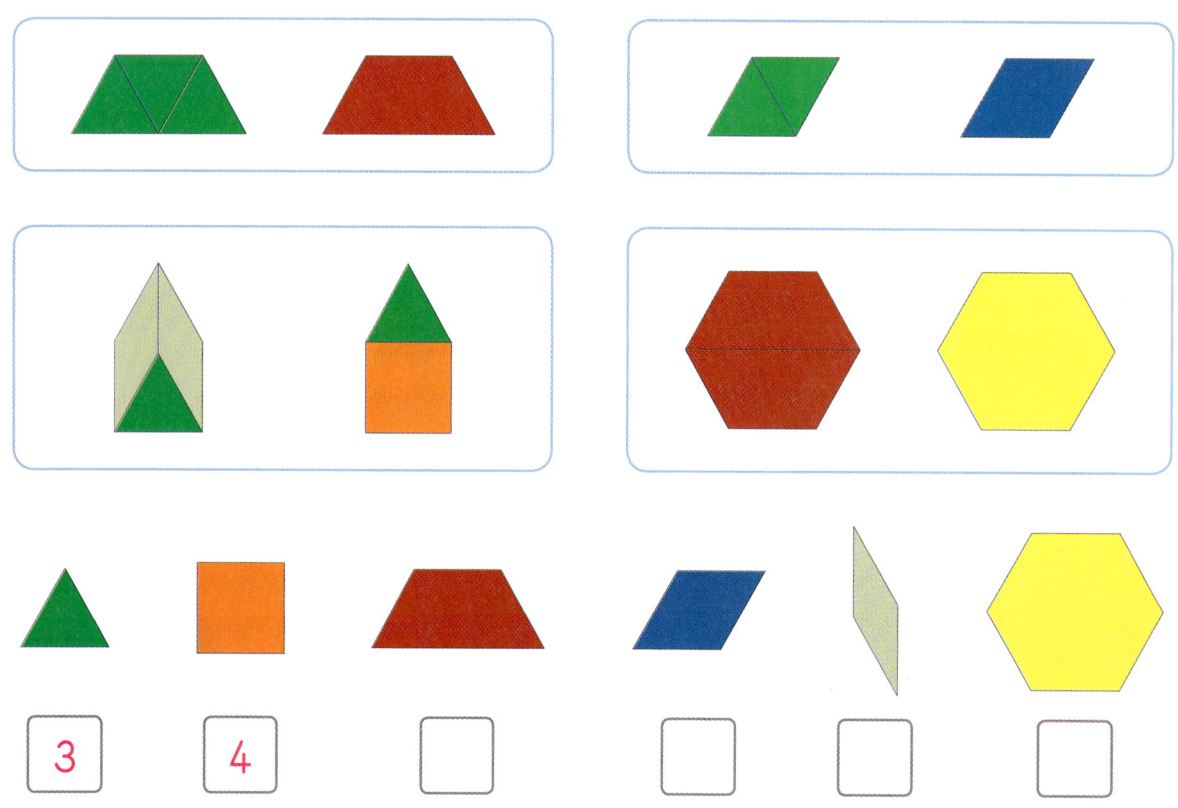

3	4				

❷ 다음 모양의 둘레를 구하시오.

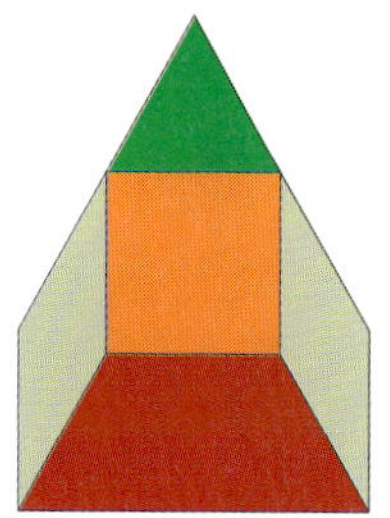

1 정상각형과 정사각형의 한 변의 길이가 ㅣ인 패턴블록으로 만든 모양입니다. 둘레가 다른 하나에 ◯표 하시오.

2 다음은 패턴블록으로 만든 모양입니다. 정삼각형과 정사각형의 한 변의 길이가 ㅣ일 때, 모양의 둘레를 구하여 ☐ 안에 써넣으시오.

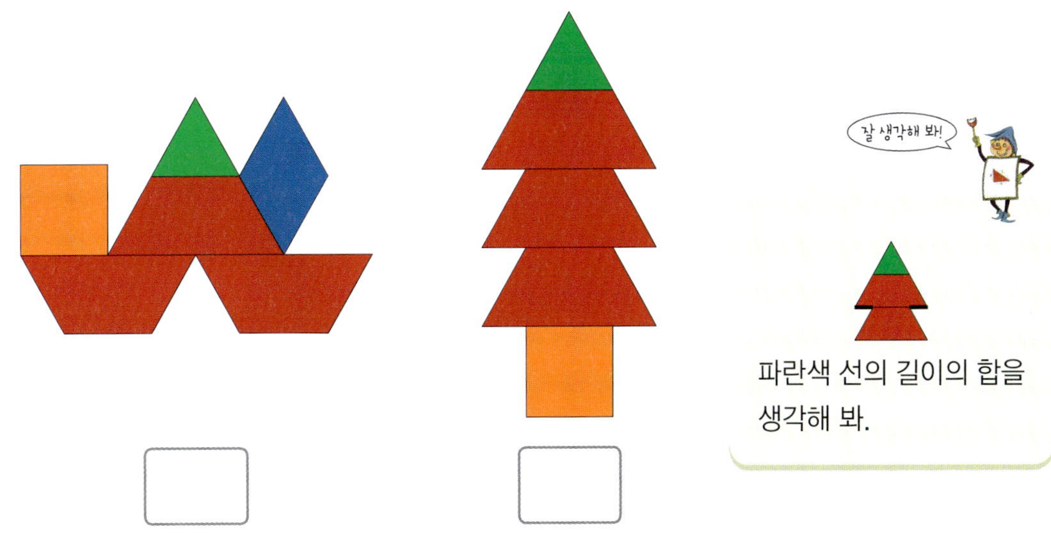

꺾인 도형과 움푹 들어간 도형

다음 펜토미노 ㅣㅣ조각은 3가지 직사각형을 잘라서 만들 수 있는 모양입니다. 작은 정사각형의 한 변의 길이를 ㅣ이라고 할 때, 직사각형을 잘라서 만든 펜토미노의 둘레를 구해 봅시다.

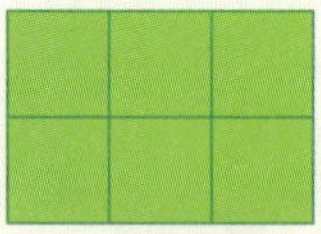

둘레: 10

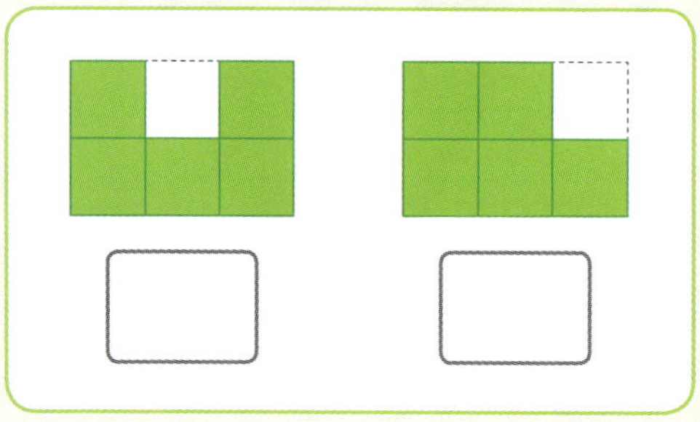

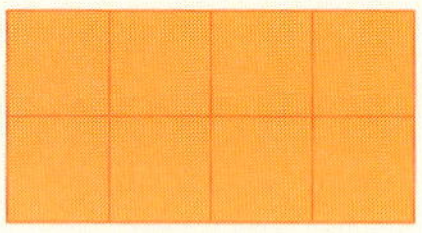

둘레: 12

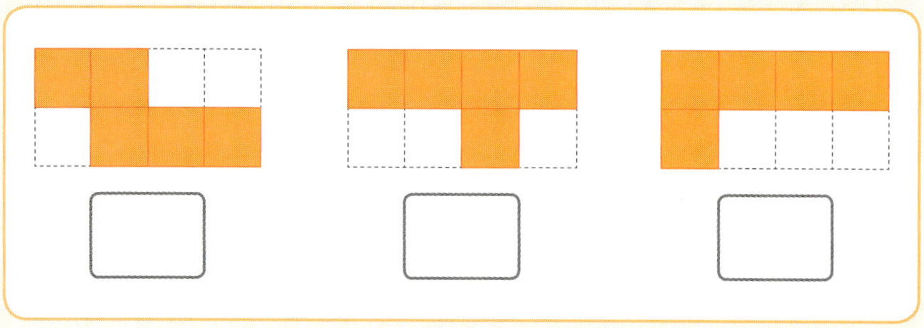

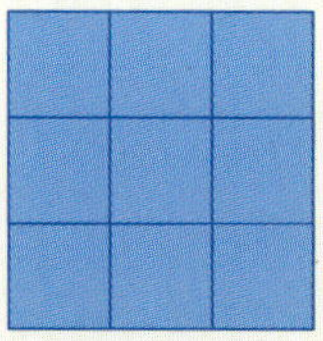

둘레: 12

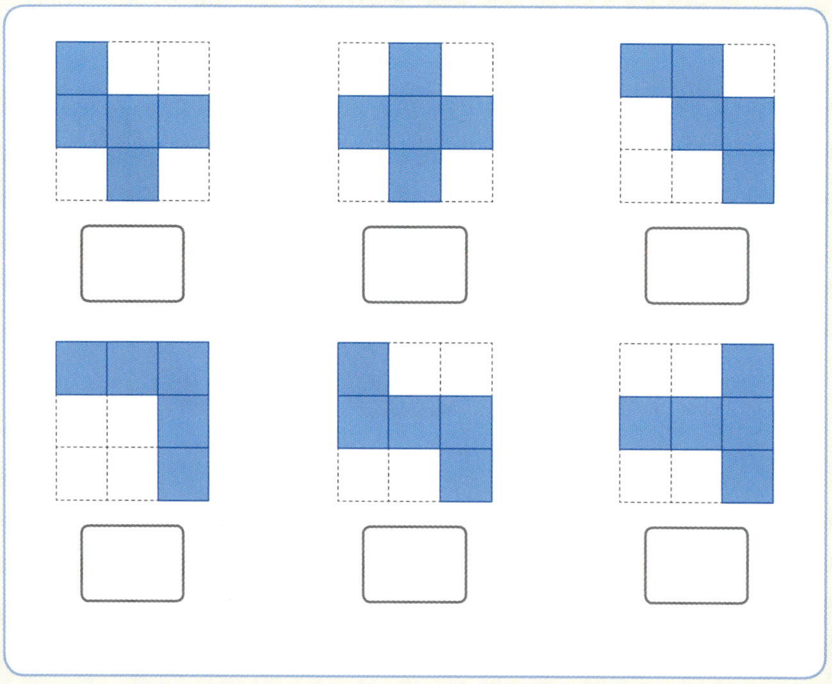

왼쪽 펜토미노 조각 중 둘레가 가장 짧은 모양을 그려 보시오.

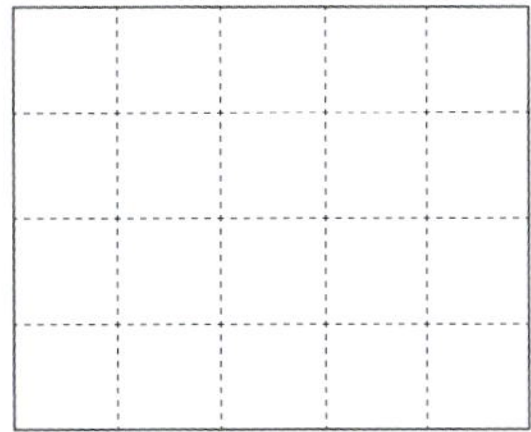

다음은 주어진 직사각형을 잘라서 만든 모양입니다. 직사각형보다 둘레가 더 긴 모양에 ◯표 하시오.

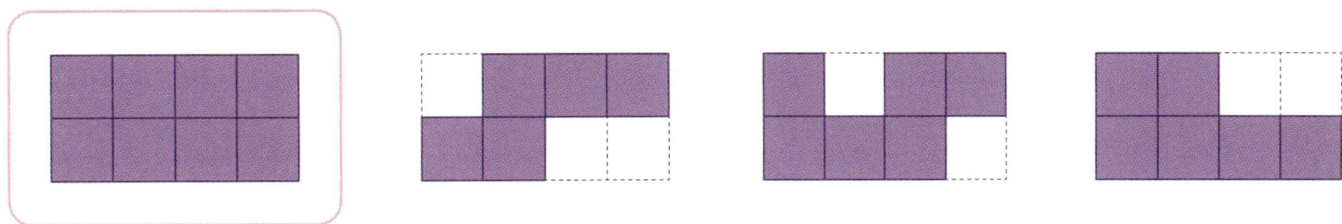

직각으로 꺾인 모양의 둘레는 직사각형으로 바꾸어 간단하게 구할 수 있습니다.

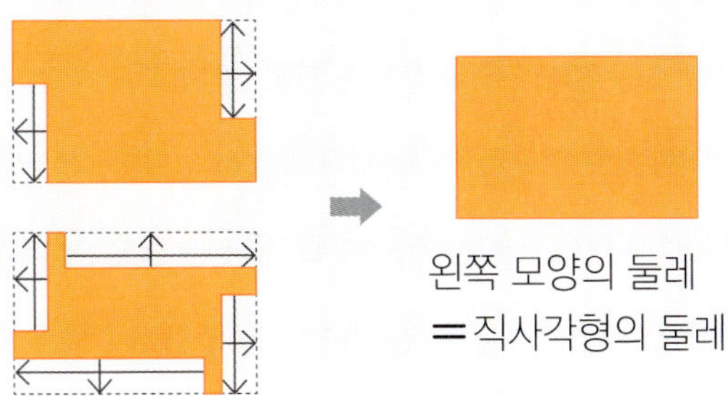

움푹 들어간 부분이 있는 모양의 둘레는 직사각형으로 바꾸고 들어간 길이를 더해야 합니다.

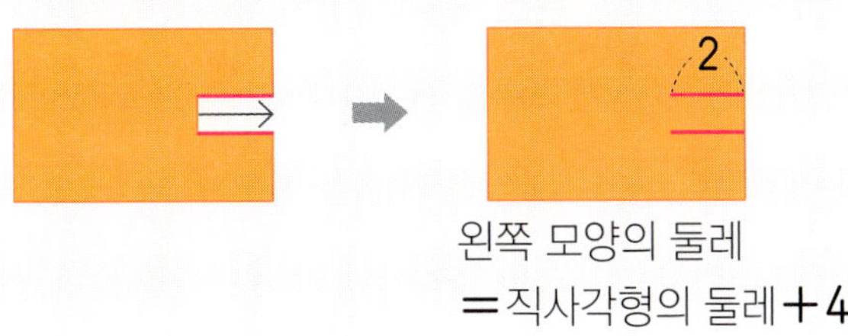

둘레의 차

아인이는 다음 그림과 같이 소의 우리와 양의 우리를 만들려고 합니다. 두 우리의 둘레의 차를 구하시오.

❶ 다음을 보고 소와 양 우리의 둘레를 각각 구하시오.

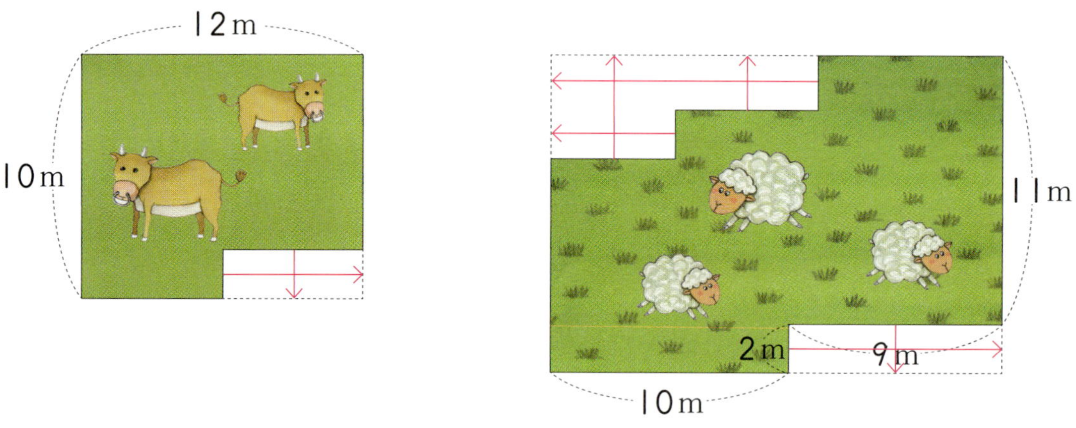

❷ 두 우리의 둘레의 차는 몇 m입니까?

1 도형의 둘레를 각각 구하시오.

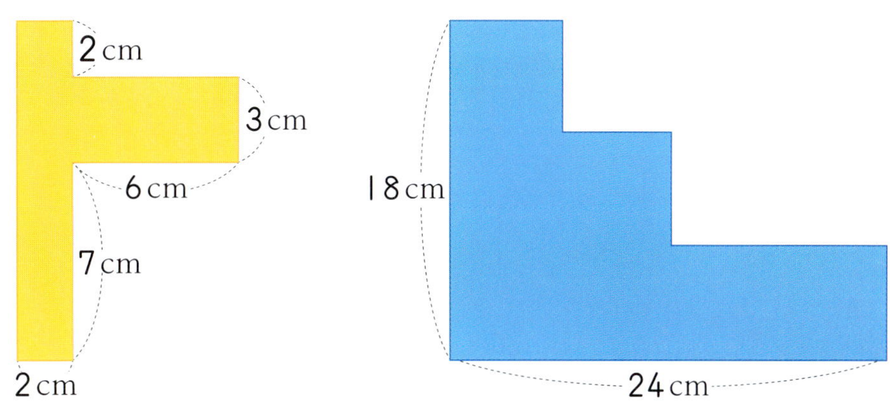

[색칠한 길의 둘레]

2 가로와 세로가 각각 $80\,\text{m}$인 정사각형 모양의 땅에 다음과 같이 길을 만들었습니다. 길의 둘레를 구하시오. 단, 길은 가로와 세로로 모두 곧게 뻗어 있습니다.

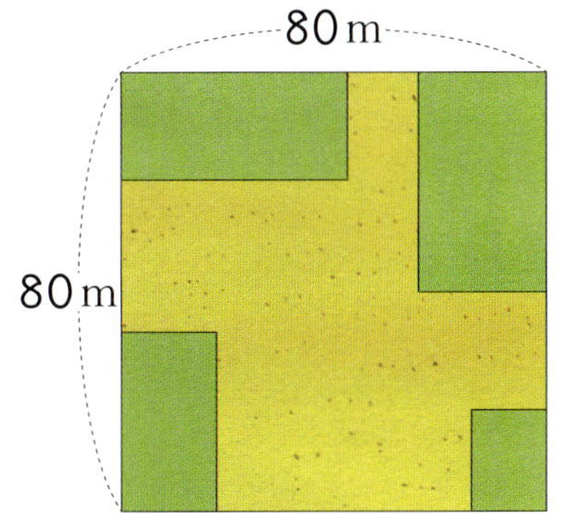

직사각형으로 바꾸어 생각해 보렴.

잘라내고 남은 모양의 둘레

직사각형 모양의 종이를 가위로 잘라내고 남은 모양의 둘레를 구해 봅시다.

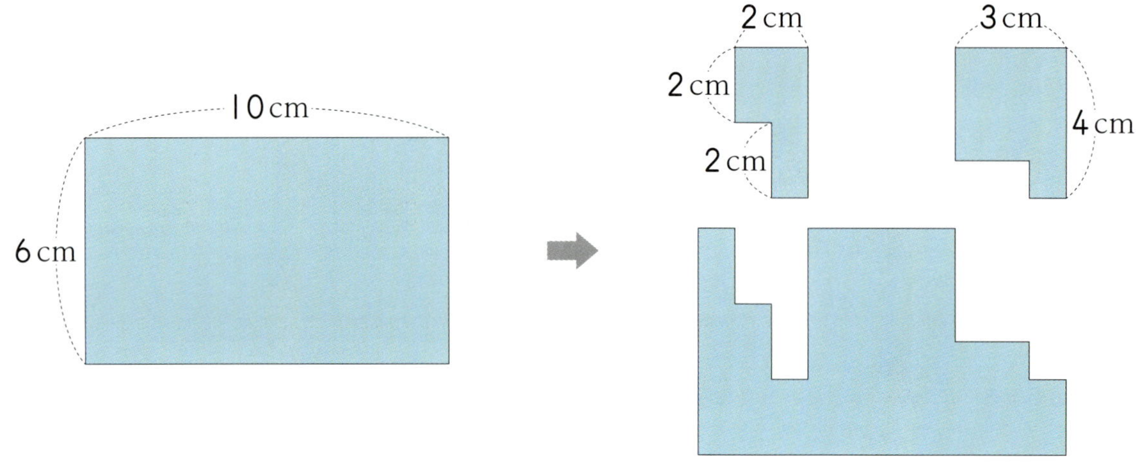

❶ 자르기 전 직사각형의 둘레는 몇 cm입니까?

❷ 남은 모양의 변을 옮겨서 처음 직사각형 모양을 만들었습니다. 옮겨지지 않고 남은 변에 모두 ◯표 하시오.

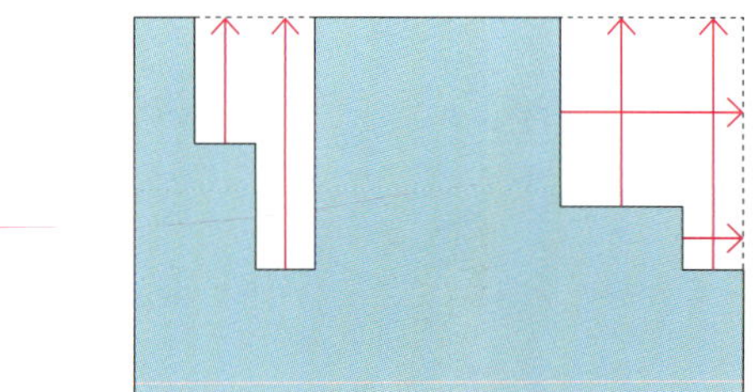

❸ ❷에서 ◯표한 변의 길이의 합을 구하시오.

❹ 잘라내고 남은 모양의 둘레는 몇 cm입니까?

1 가로 $6\,\text{cm}$, 세로 $7\,\text{cm}$인 직사각형에서 일부를 잘라내어 한글의 자음을 만들었습니다. 글씨를 나타내는 선의 굵기가 모두 $2\,\text{cm}$일 때, 자음의 둘레를 각각 구하시오.

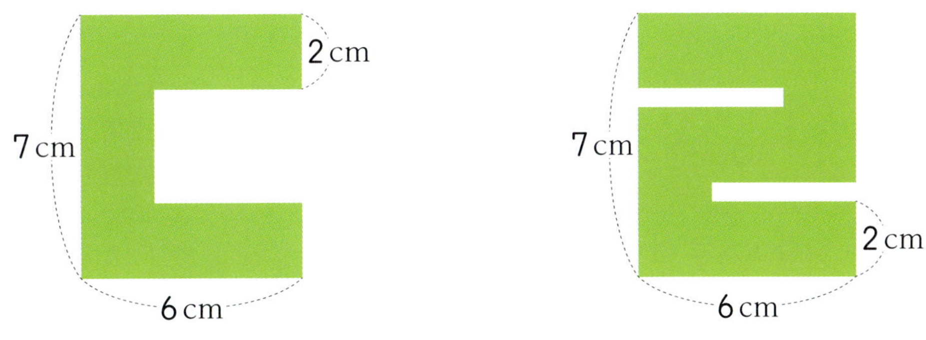

2 다음 모양의 둘레를 보고 ㉠에 알맞은 수를 구하시오.

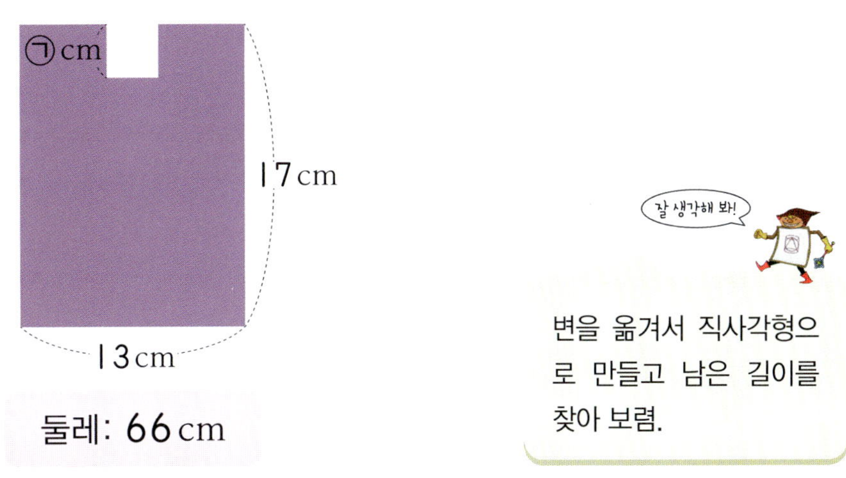

9 붙여서 만든 모양의 둘레

태경이네 학교에서는 우유를 **4**개씩 묶어 각 반에 보내기로 하였습니다. **4**개의 우유를 테이프로 붙여서 포장하는 일을 맡은 태경이와 아인이는 필요한 테이프의 길이를 계산하고 있었습니다.

태경

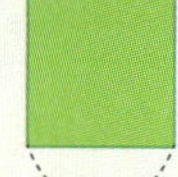
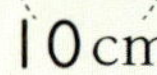

옆에 있던 아인이는 테이프를 절약하도록 우유 **4**개를 정사각형 모양으로 붙이라고 하였습니다.

아인

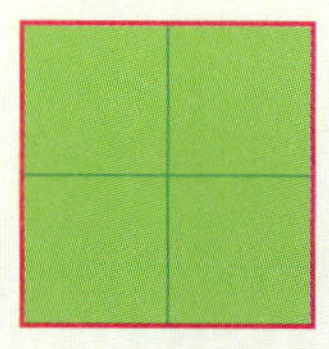

우유 **4**개를 정사각형 모양으로 붙이면 옆으로 나란히 붙이는 것보다 테이프가 얼마나 절약됩니까?

한 변의 길이가 1인 정사각형 3개를 붙인 모양입니다. 각 번호의 위치에 정사각형 하나를 더 붙일 때의 둘레를 구하시오.

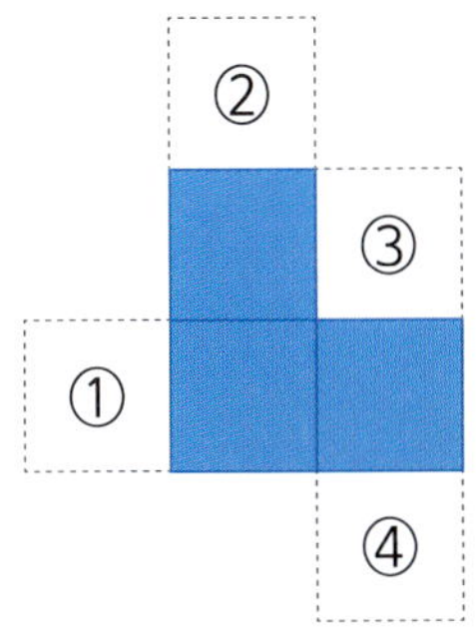

붙이는 위치	①	②	③	④
둘레	10			

정사각형 6개로 다음과 같은 모양을 만들었습니다. 둘레가 가장 짧은 것에 ◯표 하시오.

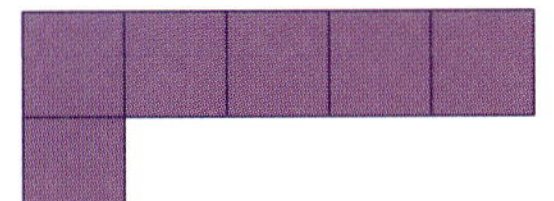 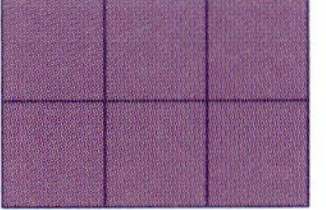 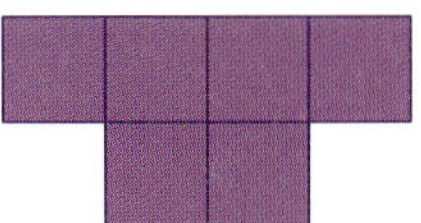

정사각형 여러 개를 붙일 때는 정사각형 또는 정사각형에 가까운 모양으로 붙이는 경우의 둘레가 가장 짧습니다.

 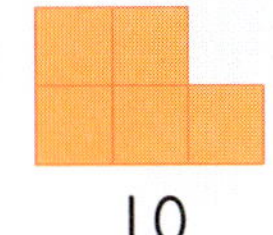

12   10

크기가 다른 정사각형을 여러 개 붙인 모양은 한 변의 길이를 하나씩 구해서 둘레를 구할 수 있습니다.

정사각형 **가**의 한 변의 길이는 한 변의 길이가 1인 정사각형 3개와 길이가 같으므로 3이고, 정사각형 **나**의 한 변의 길이는 한 변의 길이가 1인 정사각형과 3인 정사각형을 붙인 길이와 같으므로 4입니다.

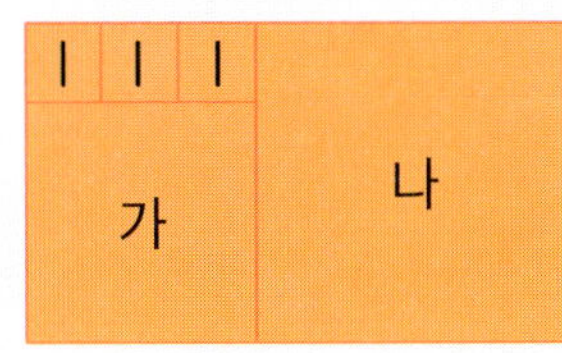

피보나치 사각형

정사각형은 네 변의 길이가 같기 때문에 일정한 규칙으로 정사각형을 붙이면 정사각형의 크기가 규칙적으로 커집니다. 재미있는 규칙이 있는 피보나치 사각형에 대해 알아보고 둘레를 구해 봅시다.

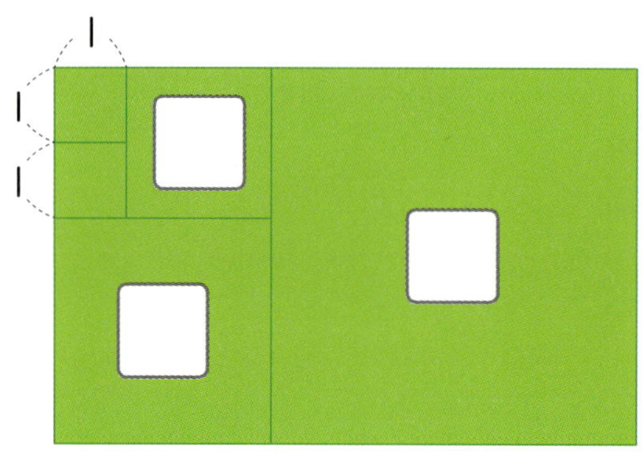

❶ 가장 작은 정사각형의 한 변의 길이는 1입니다. 각 정사각형의 한 변의 길이를 ☐ 안에 써넣으시오.

❷ 정사각형의 한 변의 길이가 커지는 규칙을 설명해 보시오.

❸ 모양의 둘레는 얼마입니까?

위와 같은 규칙으로 정사각형을 4개, 5개, 6개, 7개, 8개 붙일 때 한 변의 길이를 차례로 쓰시오.

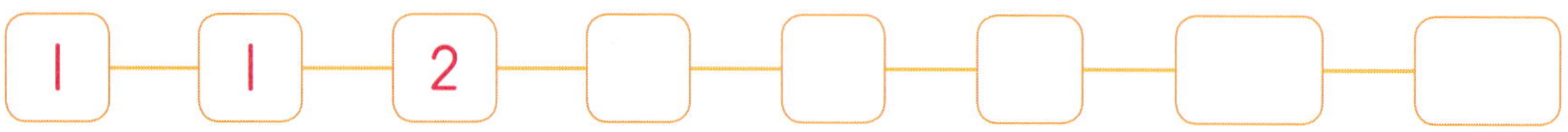

1 정사각형을 붙여서 만든 도형 2개가 있습니다. 색칠된 부분의 둘레를 각각 구하시오.

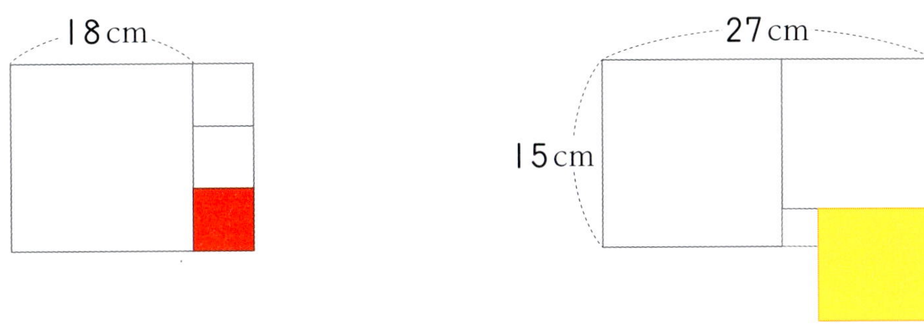

2 정삼각형만으로 만든 도형이 있습니다. 가장 작은 정삼각형의 둘레가 12 cm일 때, 전체의 둘레를 구하시오.

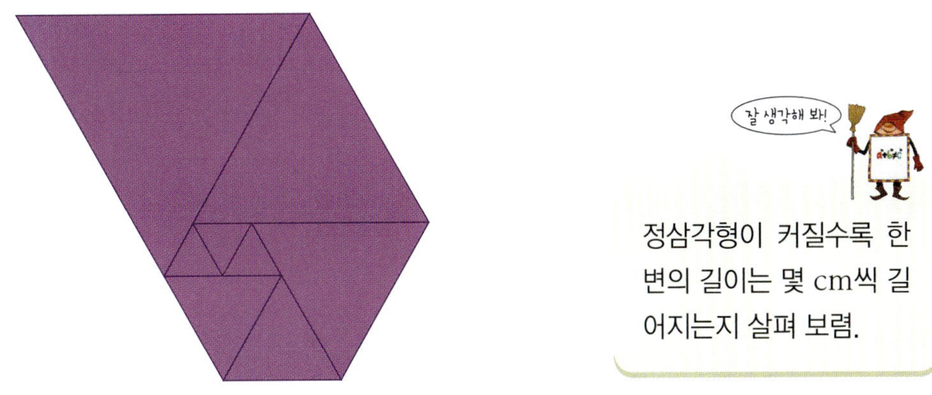

잘린 종이의 둘레

가로 20 cm, 세로 15 cm 크기의 종이를 가로로 2번, 세로로 1번 잘랐습니다. 잘린 조각의 둘레의 합을 구해 보시오.

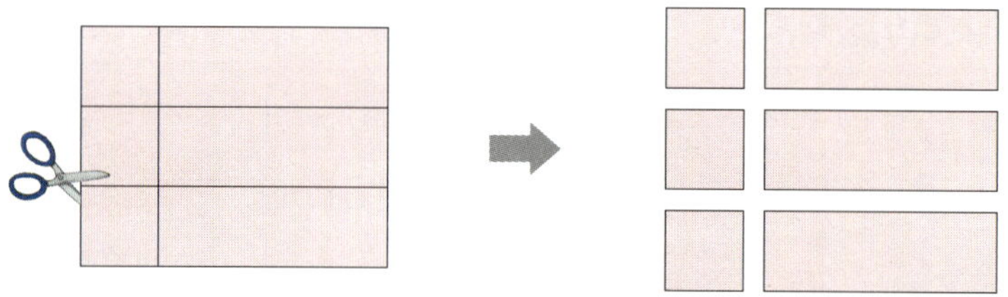

❶ 종이를 가로로 1번 잘랐습니다. 둘레의 합은 자르기 전보다 얼마나 늘어납니까?

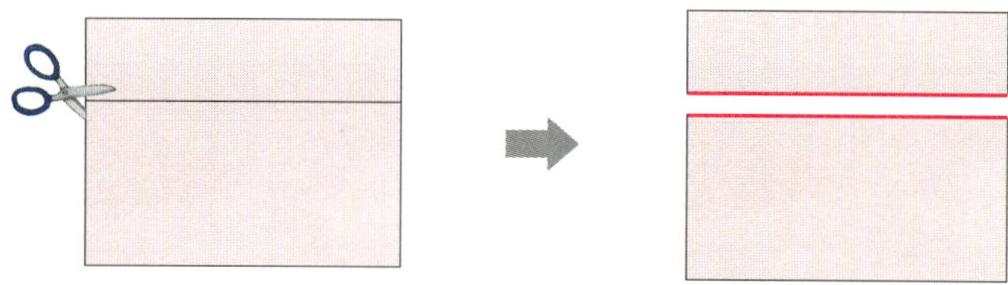

❷ 잘린 조각을 가로로 자르면서 생긴 둘레는 빨간색, 세로로 자르면서 생긴 둘레는 파란색으로 표시하였습니다. 둘레의 합은 자르기 전보다 얼마나 늘어납니까?

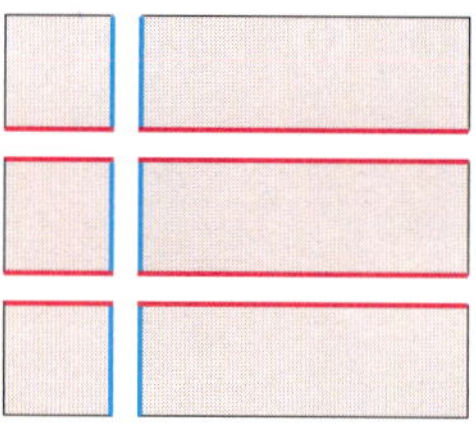

❸ 잘린 조각의 둘레의 합을 구하시오.

1 다음 직사각형을 잘라 크기가 다른 직사각형 6개로 나누었습니다. 둘레의 합은 처음 직사각형의 둘레보다 몇 cm가 늘어났습니까?

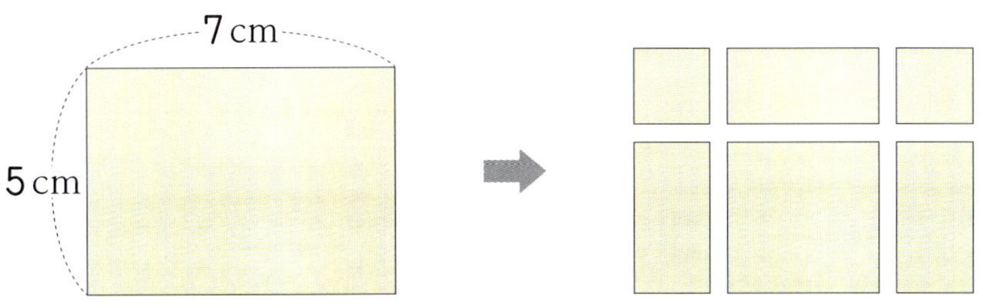

2 가로가 15 cm인 종이를 다음과 같이 잘라 9개의 직사각형으로 나누었습니다. 자른 후 종이의 둘레의 합이 150 cm일 때, 자르기 전 종이의 세로를 구하시오.

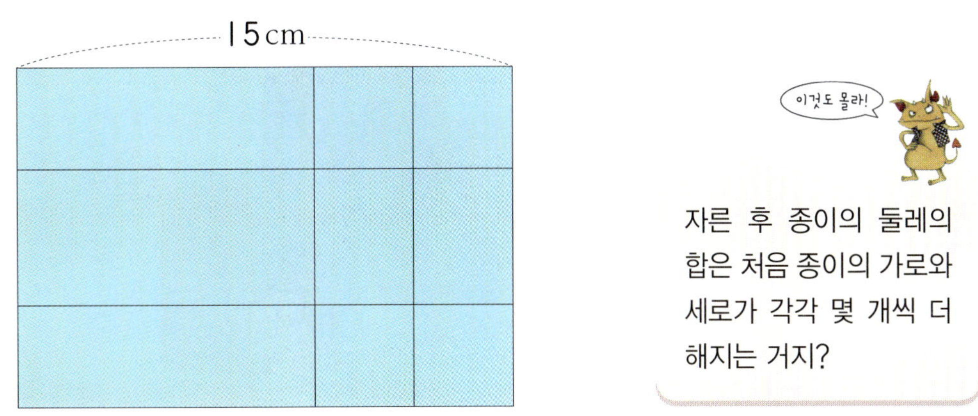

창의적 문제해결력

1 한 변의 길이가 9 cm인 정사각형 종이의 한쪽이 물에 젖어 일부분을 찢었습니다. 찢고 남은 종이의 둘레가 종이를 찢기 전보다 6 cm가 늘어났을 때, 찢어낸 부분의 둘레는 몇 cm인지 구하시오.

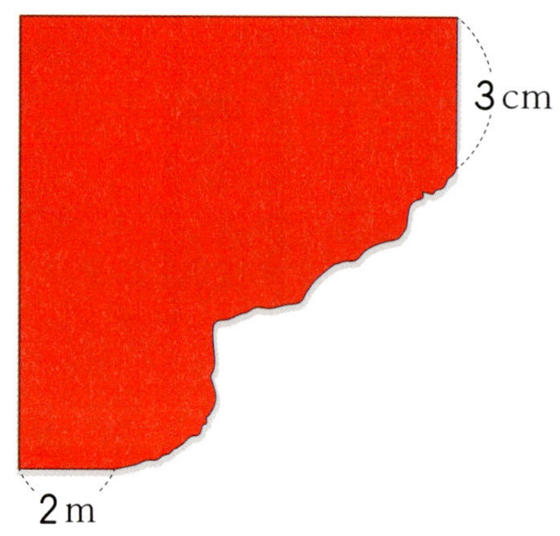

2 한 변의 길이가 8 cm인 같은 크기의 색종이 3장을 다음과 같이 겹쳐 놓았습니다. 겹쳐 놓은 모양의 둘레를 구하시오.

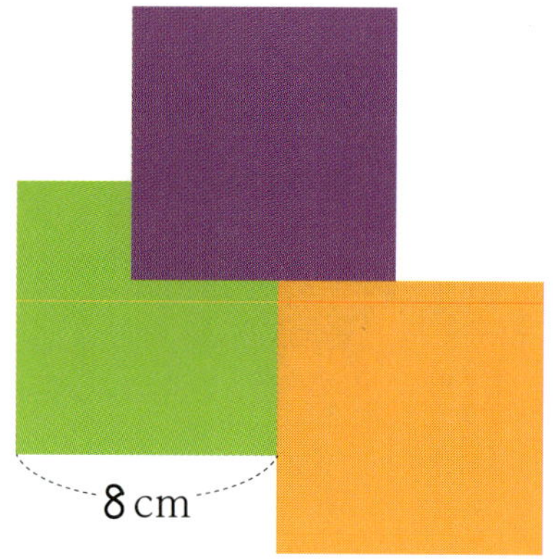

3 정사각형의 크기가 계속 줄어드는 모양입니다. 색칠한 부분의 둘레가 $62\,cm$일 때, 정사각형들을 모아 놓은 도형의 둘레를 구하시오.

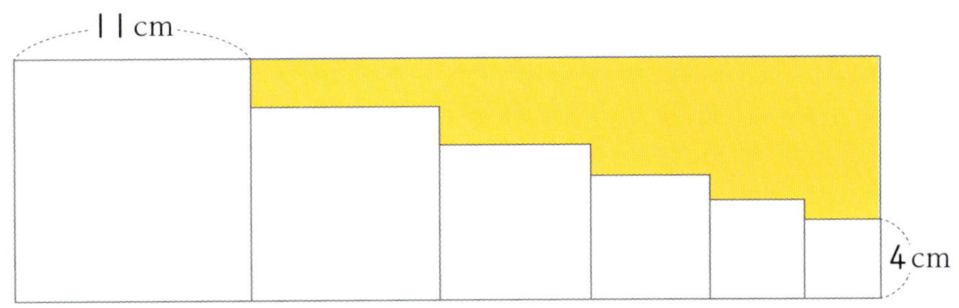

4 정사각형을 모아 놓은 도형에서 가장 작은 정사각형의 둘레가 $16\,cm$일 때, 전체 모양의 둘레를 구하시오.

4 시간

10 시, 분, 초

TV에서 사극을 보면 흔히 다음과 같은 이야기를 나누는 모습을 볼 수 있습니다.

현재처럼 시, 분, 초의 단위로 시간을 표현하기 전에도 시간을 나타내는 여러 가지 말이 있었습니다. '시각'이라는 말도 옛날에는 시간을 나타내는 말인데 1각이 약 15분 정도를 뜻합니다. 시간을 나타내는 말은 현재도 많이 쓰입니다.

- 촌　각: 1각을 10으로 나눈 만큼의 시간
- 삽시간: 빗방울이 하늘에서 땅으로 떨어지는데 걸리는 시간
- 순식간: 눈을 깜빡이고, 숨을 한 번 쉬는데 걸리는 짧은 시간
- 별안간: 눈길을 한 번 돌릴 사이의 짧은 시간
- 찰　나: 1초를 75로 나눈 만큼의 극히 짧은 시간

1각은 약 15분이라고 합니다. 촌각은 약 몇 초를 뜻할까요?

① 시계의 초바늘이 다음 숫자를 가리킬 때 나타내는 시각을 빈칸에 써넣으시오.

숫자	1	2	3	4	5	6	7	8	9	10	11	12
초	5			20		30			45			60

② ☐ 안에 알맞은 수를 써넣으시오

- 1분 = ☐ 초
- 1분 25초 = ☐ 초
- 81초 = ☐ 분 ☐ 초
- 136초 = ☐ 분 ☐ 초

노크 포인트

시계에는 초바늘, 분바늘, 시바늘이 있습니다.

초바늘은 얇고 긴 바늘로 작은 눈금 한 칸을 지나는데 걸리는 시간을 1초라고 합니다.
초바늘이 시계 한 바퀴를 돌면 분바늘이 작은 눈금 한 칸을 움직이는 데 이 시간을 1분이라고 합니다.

$$1분 = 60초$$

분바늘이 시계 한 바퀴를 돌면 시바늘은 수가 적힌 큰 눈금을 한 칸 움직이는데 이 시간을 1시간이라고 합니다.

$$1시간 = 60분$$

1분이 60초, 1시간이 60분인 것을 이용하여 시간을 더하거나 뺄 수 있습니다.

```
   3시간 24분 24초          3시간 24분 24초
 + 1시간 38분 58초        - 1시간 38분 58초
 ─────────────           ─────────────
   4시간 62분 82초          1시간 45분 26초
 ➡ 5시간 3분 22초
```

마라톤 대회는 오전 8시 출발 예정이었지만 지연되어서 8시 13분 52초에 출발하였습니다. 다음 마라톤 대회의 결과를 보고 시간의 합과 차를 계산해 봅시다.

부문	이름	기록	결승선 통과 시각
국제 부문 1위	페이사 볼켈레	2시간 07분 43초	
국내 여자 1위	김슬기	2시간 37분 47초	
마지막 완주자	정호준		12시 32분 24초

❶ 페이사 볼켈레 선수의 결승선 통과 시각을 계산하시오.

$$
\begin{array}{ccccccc}
 & 8 & \text{시} & 13 & \text{분} & 52 & \text{초} \\
+ & 2 & \text{시간} & 7 & \text{분} & 43 & \text{초} \\
\hline
 & \boxed{} & \text{시} & \boxed{} & \text{분} & \boxed{} & \text{초}
\end{array}
$$

❷ 김슬기 선수의 결승선 통과 시각과 정호준 선수의 기록을 계산하여 표를 완성하시오.

1 초이가 줄넘기 100번을 하였습니다. 다음은 줄넘기를 시작한 시각과 끝난 시각을 나타낸 것입니다. 줄넘기를 하는 데 걸린 시간을 구하시오.

2 지오가 놀이동산에 갔습니다. 바이킹을 타는 데 3분 35초가 걸리고, 기다리는 데 29분 20초가 걸렸습니다. 바이킹을 타고 내려온 시각이 4시 14분 20초라면 바이킹을 타려고 기다리기 시작한 시각은 몇 시 몇 분 몇 초입니까?

생활 속 시간의 단위

1분은 어느 정도의 시간일까요? 1분의 길이를 직접 확인해 보고, 생활 속에서 어떤 일을 할 때 걸리는 시간을 어림해 봅시다.

❶ 초 단위로 시간을 잴 수 있는 시계를 준비합니다. 시계의 시각을 확인한 뒤 눈을 감고 마음 속으로 시간을 세어 1분이 되었다고 생각했을 때 눈을 뜨고 시간을 확인해 보시오. 몇 초가 지났습니까?

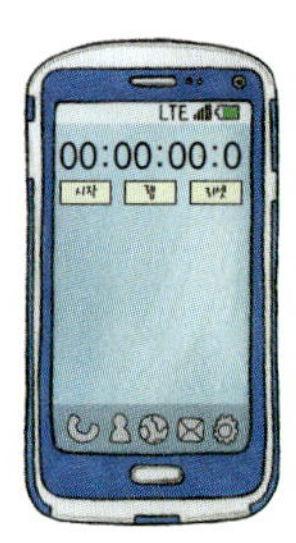

❷ 다음은 생활 속에서 어떤 일을 할 때 걸리는 시간입니다. ☐ 안에 초, 분, 시간 중 알맞은 단위를 써넣으시오.

밥 먹는 시간	잠 자는 시간	숨을 참을 수 있는 시간

30 ☐	8 ☐	28 ☐

샤워 하는 시간	100m를 달리는 시간	하루 동안 학교에 머문 시간

10 ☐ 30 ☐	18 ☐	5 ☐ 40 ☐

1 다음은 초이가 할아버지 댁에 있는 동안 한 일과 걸린 시간을 나타낸 것입니다.
알맞게 이어보시오.

2 시간의 단위를 잘못 사용한 사람을 찾고, 잘못된 표현을 바르게 고치시오.

11 이상한 시계

이탈리아의 산마르코 광장의 시계탑에는 이상한 시계가 있습니다. 이 시계는 하늘에 있는 12개의 별자리를 황금으로 장식하고 있는데 신기하게도 바늘이 하나밖에 없고, 큰 눈금의 수가 1부터 24까지 로마 숫자로 적혀 있습니다.

산마르코 광장의 시계의 바늘은 하루에 몇 바퀴를 돌까요?

위 그림의 시계가 나타내는 시각을 긴바늘과 짧은바늘을 사용하여 나타내시오.

다음 시계는 시곗바늘이 하나이고 큰 눈금에 1에서 24까지 적혀 있습니다. 이 시계가 나타내는 시각을 ☐ 안에 써넣으시오.

오후 ☐ 시

우리가 사용하는 시계는 12시간 시계입니다. 12시간 시계는 짧은바늘이 하루에 2바퀴를 도는데, 짧은바늘의 한 바퀴는 12시간, 긴바늘의 한 바퀴는 60분입니다.

10시간 시계는 1부터 10까지의 수가 적힌 시계로 한 바퀴가 10시간이고, 한 시간이 100분인 시계입니다. 현재의 시계는 하루가 24시간이고, 10시간 시계는 하루가 10시간입니다. 두 시계의 시간을 비교하면 다음과 같습니다.

10시간 시계	10시간	5시간	1시간	50분
현재 시계 (12시간 시계)	24시간	12시간 (720분)	2시간 24분 (144분)	1시간 12분 (72분)

10시간 시계

프랑스에서 처음 만들어진 |0시간 시계는 하루가 |0시간, |시간은 |00분이고, 두 바늘이 모두 |0을 가리킬 때가 자정입니다. 그림의 시계가 가리키는 시각을 현재 시계의 시각으로 나타내어 보시오.

❶ |0시간 시계에서 5시는 현재의 시계로 몇 시입니까?

❷ |0시간 시계에서 |시간은 현재 시계의 몇 분과 같습니까?

❸ |0시간 시계에서 50분은 현재 시계의 몇 분과 같습니까?

❹ 위 그림의 시계는 3시 50분을 가리키고 있습니다. 현재 시각으로 몇 시 몇 분입니까?

1 아인이는 하루를 10시간, 1시간을 100분으로 정한 시계를 만들고 긴바늘과 짧은바늘이 모두 10을 가리킬 때를 자정이라고 하였습니다. 다음 시계가 나타내는 시각을 구하시오.

❶ 아인이가 만든 시계에서 자정이 되려면 몇 분이 남았는지 현재 시계의 시간으로 구하시오.

❷ 현재의 시계로 아인이가 만든 시계의 시각은 오후 몇 시 몇 분인지 구하시오.

2 지오가 영화를 보기 시작한 시각과 영화가 끝난 시각을 6시간 시계로 나타낸 것입니다. 영화를 관람한 시간은 현재 시간으로 몇 시간 몇 분인지 구하시오. 단, 6시간 시계는 하루를 12시간, 1시간을 30분으로 정하고, 시침은 하루에 2바퀴를 돕니다.

영화를 보기 시작한 시각

영화가 끝난 시각

6시간 시계의 1시간은 현재 시간으로는 2시간이고 6시간 시계의 30분은 현재 시간으로는 120분이란다.

거울에 비친 시계

초이는 친구와 만나고, 헤어지면서 거울에 비친 시계를 보니 다음과 같았습니다. 친구와 함께 보낸 시간을 구해 봅시다.

친구와 만날 때 본 시계

친구와 헤어질 때 본 시계

❶ 위 두 시계의 큰 눈금에 알맞은 숫자를 모두 적어 보시오.

❷ 친구와 만났을 때와 헤어질 때의 시각을 각각 구하시오.

친구와 만났을 때: ☐ 시 ☐ 분

친구와 헤어질 때: ☐ 시 ☐ 분

❸ 친구와 함께 보낸 시간을 구하시오.

☐ 시간 ☐ 분

1 다음은 거울에 비친 시계입니다. 7시 정각이 되려면 몇 분 몇 초가 더 지나야 하는지 구하시오.

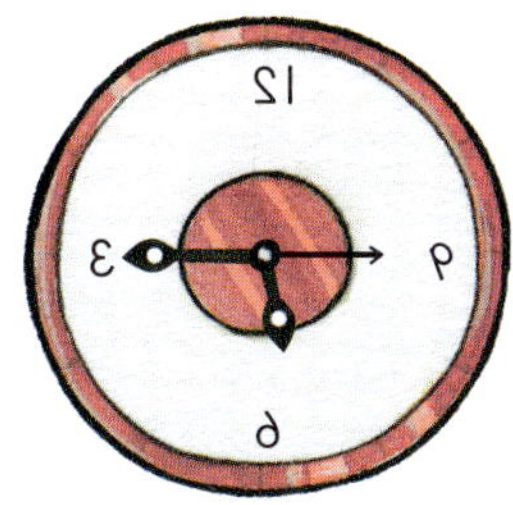

2 태경이는 1시간 15분 동안 청소를 하였습니다. 청소를 시작할 때 안방에 있는 디지털 시계의 시각이 거울에 비쳐 다음과 같았습니다. 청소가 끝난 후 거울을 보았더니 거실의 벽시계가 보였습니다. 거울에 비친 벽시계의 모습을 그려 보시오.

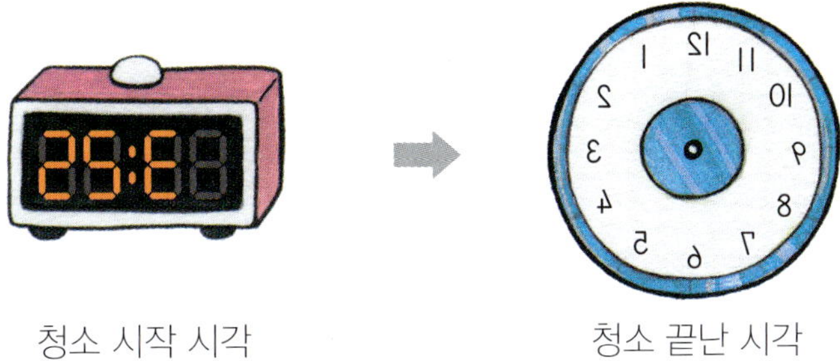

청소 시작 시각   청소 끝난 시각

고장 난 시계

시간을 소중하게 생각한 한 노인이 신문에 광고를 내었습니다.

정확한 시계를 구합니다.

초바늘까지 정확한 시계는 너무나 비싸고, 값이 싼 시계는 시각을 맞추고 다시 맞춰도 하루에 한 번 정확한 시각을 나타내지 못합니다.

정오에 라디오에서 12시 정각을 알리는 방송이 나올 때,
초바늘까지 정확히 12시를 가리키는 시계를 20만원에 삽니다.

여러 사람이 시계를 들고 왔지만 첫날에는 시각이 맞는 듯 하다가 다음 날이 되면 시계가 빨라지거나 늦어졌습니다. 그러던 어느 날 한 소년이 허름한 시계 하나를 들고 왔습니다. 시계를 본 노인은 원하던 시계는 아니었지만 소년의 재치에 감탄하여 시계를 사주었습니다.

소년이 가져온 시계는 어떻게 하루에 2번만 정확한 시각을 가리킬 수 있었을까요?

❂ 다음 시계는 1시간에 몇 분씩 빨라집니까?

❂ 1시간에 10분씩 느려지는 시계가 있습니다. 3시간이 지난 후의 시각을 오른쪽 시계에 나타내시오.

고장 난 시계의 시각을 알아볼 때는 일정 시간 동안 정상 시계와 고장난 시계를 비교하여 그 차를 구하면, 구하고자 하는 시각을 알 수 있습니다.

1시간에 4분씩 느려지는 고장 난 시계는 정상 시계가 60분을 가는 동안 56분을 갑니다. 두 시계를 모두 12시에 시각을 맞추었을 때, 나타내는 시각은 다음과 같습니다.

정상 시계	12시	1시	2시	3시
고장난 시계	12시	12시 56분	1시 52분	2시 48분

고장이 나서 계속 느려지거나 빨라지는 시계도 12시간이 느려지거나 빨라지면 정상 시계와 같은 시각을 가리키게 됩니다.

고장 난 시계의 시각

아인이는 오전 8시 30분에 3개의 시계를 정확하게 맞추었는데 오후에 집에 돌아와 보니 시계가 모두 다른 시각을 가리키고 있었습니다. 아인이는 손목 시계가 한 시간에 2분씩 느려지는 것은 알고 있습니다.

가   나   다

① 정확한 시계가 1시간이 지날 때 손목 시계는 58분이 지납니다. 표의 빈칸을 모두 채우고, 정확한 시계를 찾으시오.

정확한 시계	8:30	9:30	10:30	12:30	3:30	
손목 시계	8:30					3:45

② 같은 날 오후 손목 시계가 6시 10분을 가리킬 때 벽시계 **다**가 가리키는 시각을 구하시오.

❶ 벽시계는 한 시간에 몇 분씩 빨라지는 시계입니까?

❷ 손목 시계가 58분이 지날 때 벽시계는 몇 분이 지납니까?

❸ 벽시계는 몇 시 몇 분을 가리킵니까?

오후 6시 10분은 오전 8시 30분에서 58분씩 몇 번 지난 시각인지 알아봐.

1 초이는 1시간에 4분씩 느려지는 시계를 가지고 있습니다. 어젯밤 9시에 시계를 정확하게 맞춰 놓았습니다. 다음날 아침 8시에 집에서 나와 학교를 가야 한다면 초이는 시계가 몇 시 몇 분을 가리킬 때 집에서 나와야 합니까?

2 태경이네 집 시계가 고장이 나서 1시간에 몇 분씩 일정하게 빨라집니다. 어느 날 오후 3시에 시계를 맞춰놓고 같은 날 오후 9시에 고장 난 시계를 보니 11시를 가리키고 있었습니다. 고장 난 시계는 1시간에 몇 분씩 빨라집니까?

2개의 고장 난 시계

하루에 10분이 느려지는 시계와 20분이 빨라지는 시계가 있습니다. 어느 날 정오에 두 시계를 정확하게 맞추었을 때, 고장난 시계가 정확한 시각을 가리키는 때와 두 시계가 같은 시각을 가리키는 때를 알아보시오.

하루에 10분
느려지는 시계

가

하루에 20분
빨라지는 시계

나

❶ 매일 정오에 두 시계가 가리키는 시각을 관찰하였습니다. 표를 완성하시오.

		1일 후	2일 후	3일 후	4일 후
현재 시각	12시	12시	12시	12시	12시
가	12시	11시 50분			
나	12시	12시 20분	12시 40분		
가와 나의 시간차	0분	30분	1시간		

❷ 고장난 시계가 정확한 시계보다 몇 시간이 늦거나 빠르면 정확한 시계와 같아지게 됩니까?

❸ 가 시계와 나 시계가 각각 처음으로 정확한 시각을 가리키는 것은 시계를 맞춘 날로부터 며칠 후입니까?

❹ 고장 난 두 시계가 처음으로 같은 시각을 가리키는 것은 며칠 후입니까?

1 |시간에 5분씩 빨라지는 시계와 하루에 48분씩 느려지는 시계가 있습니다. 두 시계를 |2시 정각에 맞추어 놓았습니다. 5시간 뒤에 두 시계가 가리키는 시각은 몇 분 차이가 납니까?

하루에 48분씩 느려지면 한 시간에는 몇 분씩 느려지는지 생각해 봐.

2 한 시간에 2분씩 빨라지는 시계와 3분씩 느려지는 시계가 있습니다. 두 시계 모두 4월 |일 정오에 정확하게 시각을 맞추어 놓았습니다. 두 시계가 처음으로 같은 시각을 나타내는 때는 언제인지 구하시오.

두 시계가 가리키는 시각이 |시간에 몇 분씩 차이가 나는지 구해 봐.

1 다음 시계의 시각에서 10시 정각이 될 때까지 긴바늘과 초바늘이 각각 몇 바퀴를 돌아야 하는지 구하시오. 단, 시곗바늘이 완전히 돌아 제자리에 돌아올 경우를 한 바퀴로 생각합니다.

긴바늘: ☐ 바퀴   초바늘: ☐ 바퀴

2 다음 시계는 일반 시계와 똑같이 생겼지만 짧은바늘이 하루에 한 바퀴만 움직입니다. 두 바늘이 모두 12를 가리킬 때를 자정이라고 할 때, 시계가 나타내는 현재 시각을 구하시오.

오후 ☐ 시 ☐ 분

3 아인이는 손목 시계가 자꾸 늦어지는 것 같아 토요일 낮 l2시 정각에 정확히 맞추어 놓고 다음 날인 일요일 낮 l2시에 확인해 보니 ll시 58분을 가리키고 있었습니다. 시계를 고치지 않고 두었을 때, 시계는 일주일 뒤 일요일 오전 9시에 몇 시 몇 분 몇 초를 가리키게 됩니까?

□ 시 □ 분 □ 초

4 초이네 집에는 7분과 ll분을 잴 수 있는 모래시계 2개가 있습니다. 초이는 이 모래시계를 사용하여 다음 방법에 따라 시간을 재려고 합니다. 초이는 몇 분을 재려고 한 것인지 구하시오. 단, 모래시계를 뒤집을 때의 시간은 생각하지 않습니다.

㉠ 두 모래시계를 동시에 뒤집습니다.
㉡ 7분짜리 모래시계가 끝나면 바로 다시 뒤집습니다.
㉢ ll분짜리 모래시계가 끝나면 바로 시간을 재고 있던 7분짜리 모래시계를 도중에 다시 뒤집습니다.
㉣ 처음부터 도중에 다시 뒤집은 7분짜리 모래시계의 모래가 모두 떨어질 때까지의 시간을 구합니다.

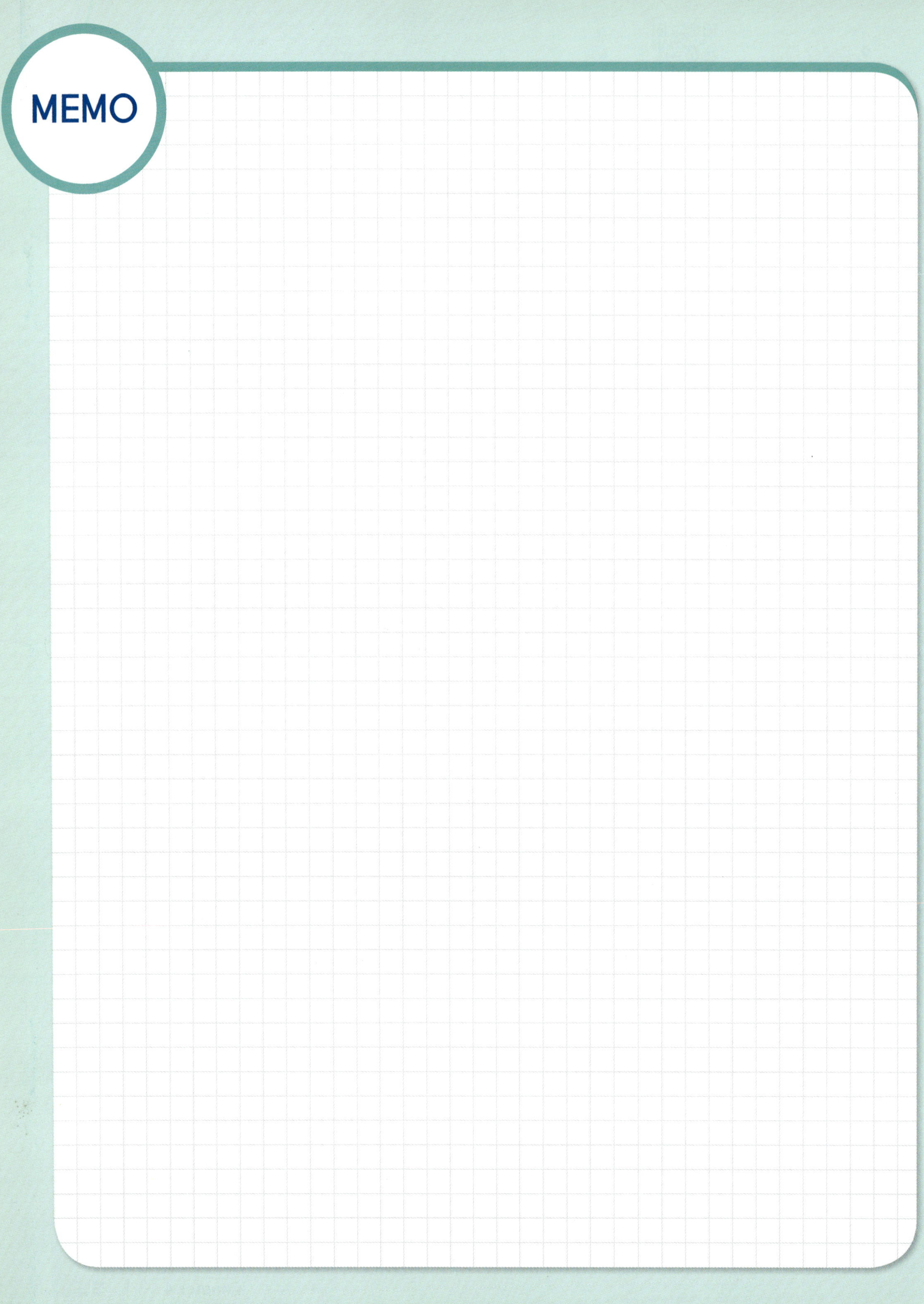
MEMO